CONTENTS

まちがいさがし

わくわくブック

まちがいさがし
食事中のマナー

おいしく・たのしく たべよう
☆まちがいさがし☆

しく・たのしく たべよう

【指導での活用例】
写真提供：和歌山県栄養教諭 黒田麻友美先生

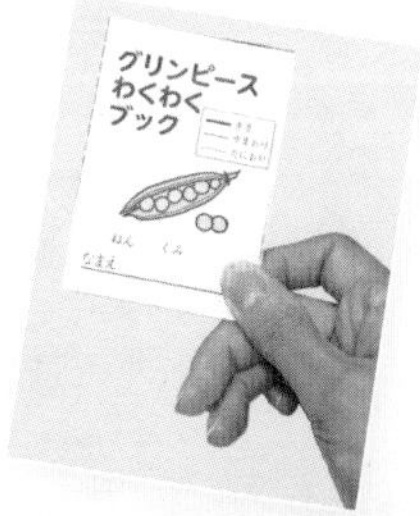
グリンピース
わくわく
ブック

INTRODUCTION

本書は子どもたちがクイズやパズルをといたり、工作を通して、食育のさまざまなテーマに主体的に関われるように願って作られました。各校や園の年間指導計画に沿って、掲示物やおたよりはもちろん、授業の教材としても活用できます。

本書の構成

●まちがいさがしの誌面・データ構成

クイズと、こたえのページがあります。こたえのページには解説と、指導に応じて自由に使えるコメント欄を設けています。付属CD-ROMにはカラーと白黒の両方PDF・Wordデータを収録しています。Wordデータではクイズのイラストや解説欄を画像データとして切り離して利用できます。

まちがいさがし
給食当番の服装

【クイズ】

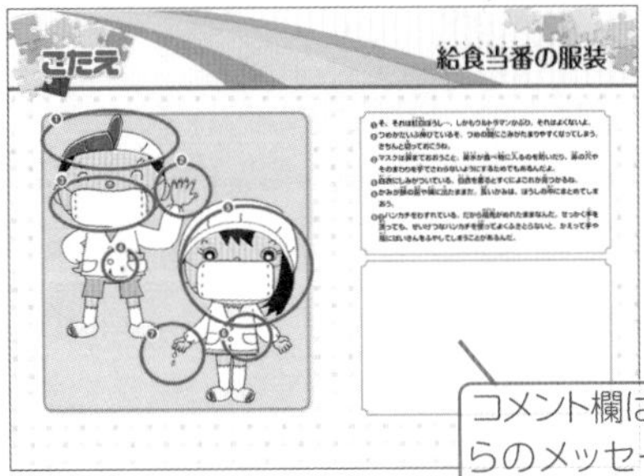

こたえ
給食当番の服装

【こたえ】

コメント欄は、先生からのメッセージ欄や子どもや保護者の方からの感想欄として利用できます。

まちがいさがし
給食当番の服装

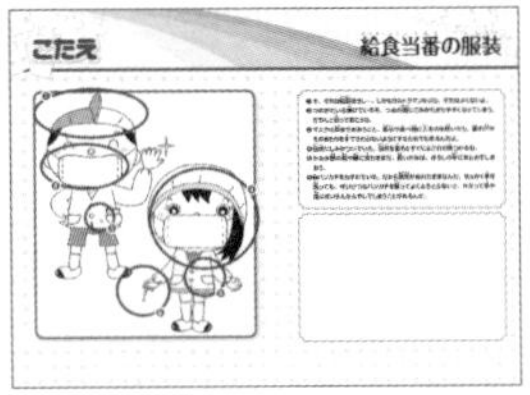

こたえ
給食当番の服装

【PDF版】
カラーと白黒版をCD-ROMに収録。

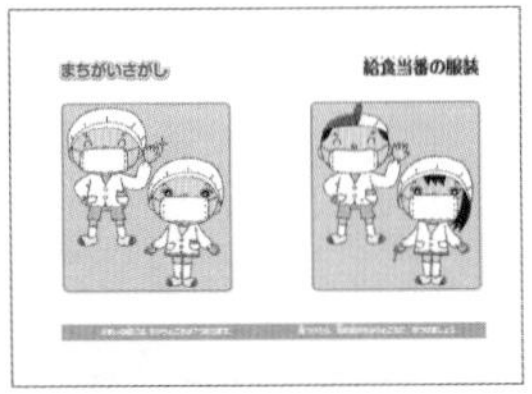

まちがいさがし
給食当番の服装

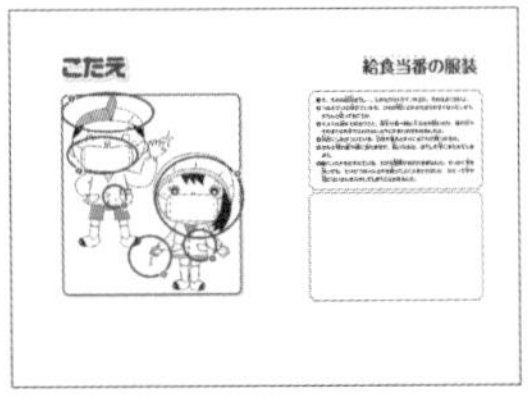

こたえ
給食当番の服装

【Word版】
カラーと白黒版をCD-ROMに収録。クイズのイラストなどを切り離して使用できます。文章も画像データとして貼り付いています。

●わくわくブックの誌面・データ構成

工作用ページと、掲示・資料用ページがあります。付属CD-ROMには工作用ページはカラー・白黒のPDF、掲示・資料用ページはカラー・白黒Wordデータを収録しています。Wordデータはイラストだけ切り離して使えます。文章を変えたいときやオリジナルのわくわくブックを作りたいときは、p.78「わくわくブック 自分で」のPDF、Wordを利用して製作することができます。

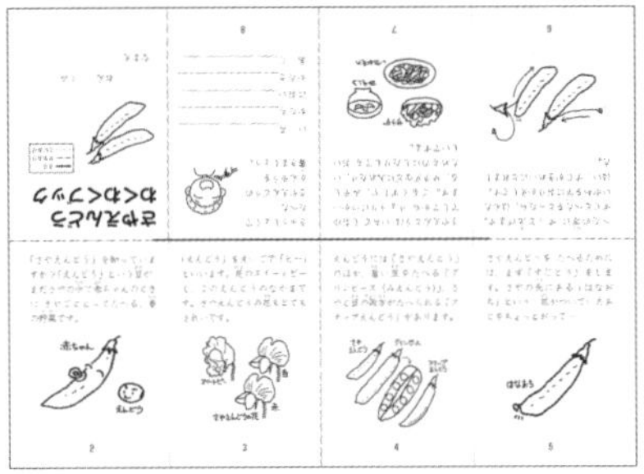

【工作ページ・PDF】

さやえんどう
わくわくブック

【掲示・資料用ページ・Word】

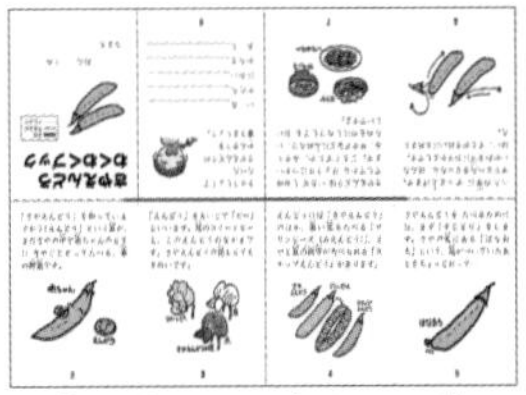

【工作ページ・カラー】

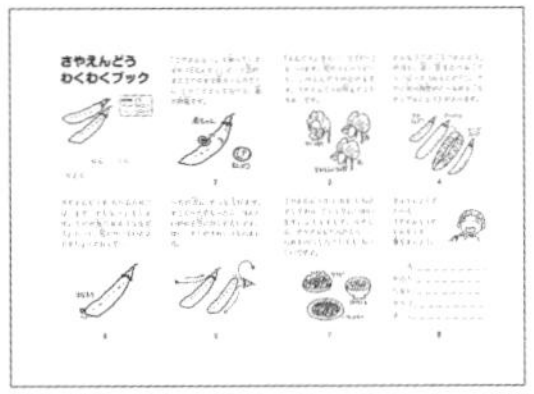

さやえんどう
わくわくブック

【資料・掲示用ページ・白黒】

それぞれのカラー版・白黒版データをCD-ROMに収録。

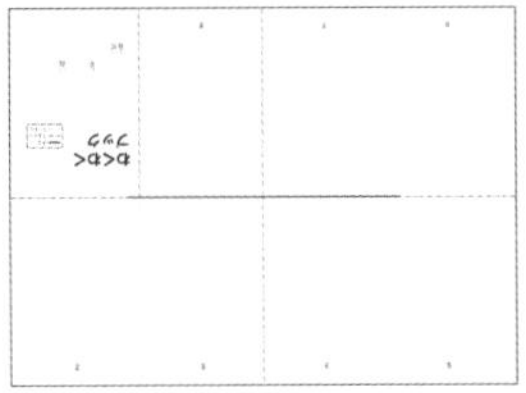

【PDF】

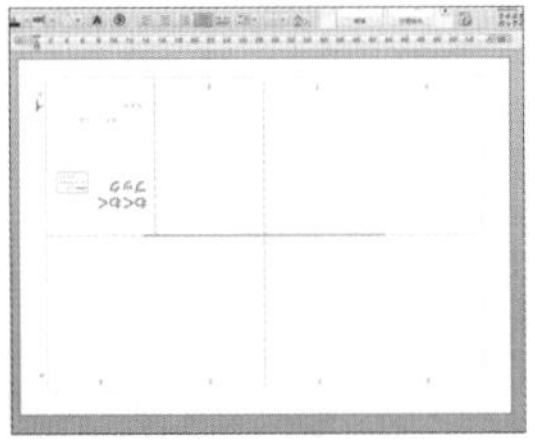

【わくわくブック 自分で】

工作用の台紙をPDFとWordデータで用意しました。Wordデータには「透かし」で台紙が入っています。画面上は半透明になっていますが、印刷するときにはきちんと印刷されます。この「透かし」の上に画像や文字を配置することでオリジナルのわくわくブックを作ることができます。

付属CD-ROMのご使用にあたって

まちがいさがし

給食当番の服装

左

右

右と左の2まいの絵には、ちがうところが7つあります。見つけたら、右の絵のちがうところに○をつけましょう。

こたえ

給食当番の服装

❶
❷
❸
❹
❺
❻
❼

❶そ、それは紅白ぼうし…、しかもウルトラマンかぶり。それはよくないよ。

❷つめがだいぶ伸びているぞ。つめの間にごみがたまりやすくなってしまう。きちんと切っておこうね。

❸マスクは鼻までおおうこと。鼻水が食べ物に入るのを防いだり、鼻の穴やそのまわりを手でさわらないようにするためでもあるんだよ。

❹白衣にしみがついている。白衣を着るとすぐによごれが見つかるね。

❺かみが顔の前や横に出たままだ。長いかみは、ぼうしの中にまとめてしまおう。

❻❼ハンカチをわすれている。だから指先がぬれたままなんだ。せっかく手を洗っても、せいけつなハンカチを使ってよくふきとらないと、かえって手や指にばいきんをふやしてしまうことがあるんだ。

まちがいさがし

給食室

左

右

右と左の2まいの絵には、ちがうところが6つあります。 見つけたら、右の絵のちがうところに○をつけましょう。

こたえ

給食室

①
②
③
④
⑤
⑥

❶窓の向こうの下処理室では野菜を３回洗って、ほこりやごみをきれいにとりのぞいているよ。そして給食室に入るときには、入り口で手をしっかり洗ってから入ります。せっけんと自分専用のつめブラシを使うんだ。

❷あれっ、ぼうしはどこ？ 調理員さんは給食室では必ずぼうしをかぶっているよ。かみの毛が食べ物に入らないようにしているんだ。

❸指輪は、給食室に入る前に必ずはずして仕事をしているんだ。

❹給食室ではくつは必ずはきかえている。外のくつでは絶対に中に入らないんだよ。

❺えんぴつも、しんが折れて食べ物に入るといけないので、給食室の中では使わないことが多い。

❻食べ物にさしているのは、くしではなくて温度計だよ。調理をしてきちんと中まで火が通ったかをチェックしているんだ。

まちがいさがし

当番以外の人の準備

左

ゴミばこ

右

ゴミばこ

右と左の2まいの絵には、ちがうところが5つあります。　見つけたら、右の絵のちがうところに○をつけましょう。

こたえ　当番以外の人の準備

①
②
③
④
⑤
ゴミばこ

❶給食の前は、まどを開けて新せんな外の空気と入れかえよう。
❷勉強熱心なのはいいけれど、けじめはしっかりつけよう。給食の時間になったら、教科書は閉じてつくえの中にしまおうね。
❸あれれ、消しゴムのかすが残っている。こんなつくえで食べたら、せっかくのおいしい給食も台無しだ。つくえの上はきれいにしようね。
❹ごみをひろってくれたのはいいけれど、ごみばこに投げて入れてはいけないよ。
❺きみきみ、手はどこでふいている？ せっかくせっけんできれいに洗った手もズボンでふいてしまっては、またきたなくなっちゃうよ。せいけつなハンカチでふこうね。

まちがいさがし

手洗い

左

右

右と左の2まいの絵には、ちがうところが6つあります。　見つけたら、右の絵のちがうところに○をつけましょう。

こたえ

手洗い

❶おや、手をふって水をきっているぞ。きちんとハンカチを使おうね。
❷顔はよごれていなければ、とくに洗わなくてもいいよ。
❸手洗いが終わったら、かみにはさわらないほうがいいね。
❹せっけんを使って、よくあわ立ててからしっかり手を洗おうね。
❺おいおい、手をズボンでふいてはだめだよ。
❻あれ～、ハンカチがしわくちゃでだいぶよごれているね。もしかして昨日のハンカチ…？ 毎日せいけつなハンカチを用意しようね。

まちがいさがし

給食準備

左

右

右と左の2まいの絵には、ちがうところが6つあります。　見つけたら、右の絵のちがうところに○をつけましょう。

こたえ

給食準備

❶
❷
❸
❹
❺
❻

❶あれれ、マスクは鼻と口にしっかり当ててね。おしゃべりもしないよ。

❷ぼうしからかみが出ているぞ。ぼうしの中にきちんとまとめてね。

❸台ふきんがそのままだ。ふきおわったらかたづけようね。

❹食缶はゆかにおいてはだめだよ。台の上にのせようね。

❺あちゃ〜、みかんを取りわすれているぞ。

❻うわぁ〜、だれのごはん？気をつけて運ぼうね。

まちがいさがし

いただきます

左

MILK
MILK
MILK
MILK

右

MILK
MILK
MILK
MILK

右と左の2まいの絵には、ちがうところが7つあります。

見つけたら、右の絵のちがうところに○をつけましょう。

こたえ

いただきます

MILK
MILK
MILK
MILK

❶あれれ、牛乳が1本多くない？

❷おかずの魚と野菜がぎゃくだぞ。

❸「いただきます」のあいさつは、よそを向いてしないでね。

❹はしの先は、左のごはんの方に向けてならべようね。

❺ごはんは左、みそしるは右だね。

❻へんなポーズであいさつしないでね。

❼足を組んで食べてはだめだよ。

ただしいのはどれ?

配ぜん1

左

あ
MILK
MILK
う

右

MILK
い
え
MILK

「あ」「い」「う」「え」の中で　食器が正しく並べられているのはどれでしょう。

こたえ

配ぜん1

い
MILK

まちがえているところ

あ…ごはんと みそしるのいちが ぎゃくだよ。
　ごはんは左、みそしるは 右におくよね。

う…おかずの おさらのいちが ちがうよ。
　おかずは ごはんや みそしるのおくに おいてね。

え…はしのむきが ちがうよ。
　はしのさきは ごはんのほう、つまり左にむけて おいてね。

あ
MILK

う
MILK

え
MILK

まちがいさがし

あとかたづけ

左

右

右と左の2まいの絵には、ちがうところが6つあります。見つけたら、右の絵のちがうところに○をつけましょう。

こたえ

あとかたづけ

❶
②
③
④
⑤
⑥

❶後片付けのときは白衣に着がえなくてもいいよ。

❷はしとスプーンの向きがバラバラだ。給食室で洗ってくれる調理員さんがめいわくするよ。

❸食べ残したものを食器にそのままにして返してはいけないよ。

❹牛乳パックのリサイクル。決められたやり方で集めようね。

❺茶わんがひっくり返っているよ。食器はていねいにあつかおう。

❻だ、だれだ！ 机の上に落としたものをそのままにしておかないでね。

まちがいさがし

端午の節句

左

右

右と左の2まいの絵には、ちがうところが9つあります。

見つけたら、右の絵のちがうところに○をつけましょう。

こたえ　端午の節句

❶❷あれれ、五月人形の横の花がゆりになっているよ。かざる花はハナショウブがいいね。おふろにはしょうぶを入れるね。

❸おいおい、それはこいのぼりではなくて、かいてんイカほし機だ。

❹これからは大人も自転車に乗るときにはヘルメットをかぶるけど、おうちの中ではとろうね。

❺❻❼おや、それは午後の紅茶のセットかな。5月はせっかくの新茶の季節だから、きゅうすで日本茶をいれて楽しもう。

❽葉っぱがついているのは同じだけど、これはひなまつりなどによく食べられる「桜もち」だね。かしわもちは大きなかしわの葉でもちをくるむよ。

❾紅白でおめでたいけど、これは秋の七五三の「ちとせあめ」だ。

ものしりメモ

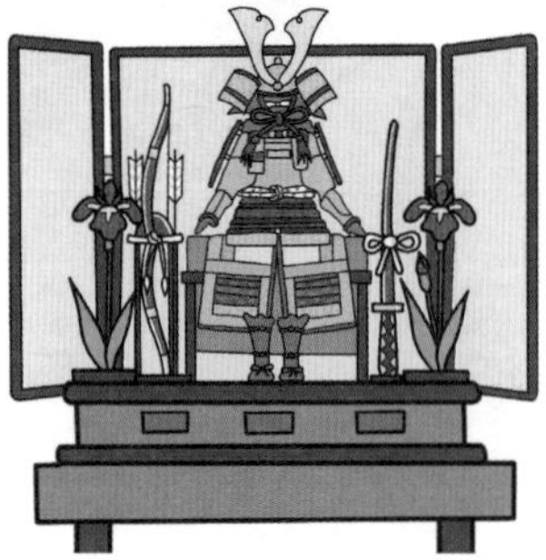

しょうぶとハナショウブ

五月人形の横によく飾られる花は「ハナショウブ」といって、アヤメのなかまの植物です。一方、端午の節句におふろに入れたり、軒の上にかざったりするのは、サトイモのなかまの「しょうぶ」です。名前も葉の形も似ていますが、別の植物です。

しょうぶは昔から薬草として知られ、剣のような葉の形と強いにおいから、悪いものを追い払う魔除けとして使われました。さらに「しょうぶ」という名が武芸を尊ぶ「尚武」にもつながることから、「菖蒲の節句」ともいわれるこの節句が武家の間で盛んに祝われるようになりました。

ちがいはな〜んだ？

左

ゴク
ゴク

右

ゴク
ゴク

右と左の2まいの絵、よく見ると少しちがっています。右の絵でちがっているところを見つけましょう。

こたえ

夏の食生活

❶
ゴク
ゴク
❷
❸
❹

❶コップではなくて、ペットボトルで飲んでいるよ。飲み過ぎにつながるし、もし飲んでいるものが甘いジュースだったら、糖分のとりすぎになるよ。

❷コップに分けてはいるけど、麦茶ではなくてどうやら甘いジュースみたいだね。甘いジュースや炭酸飲料では体への水分補給になりにくいんだよ。

❸おいしそうなそうめん。でも…、おかずがない! 肉や魚、卵、大豆、野菜などのおかず（主菜、副菜）も食べないと、夏ばてしやすくなるよ。

❹スポーツのときの水分補給はとくに大切だ。でもジャグやスポーツボトルの置き場所には気をつけよう。直射日光が当たるところや高温になる場所は避け、木陰など涼しい場所に置こうね。水温は 5 ～ 15℃が適温といわれているよ。クーラーボックスなども上手に使って保管しようね。

クイズめいろ

夏休みの生活

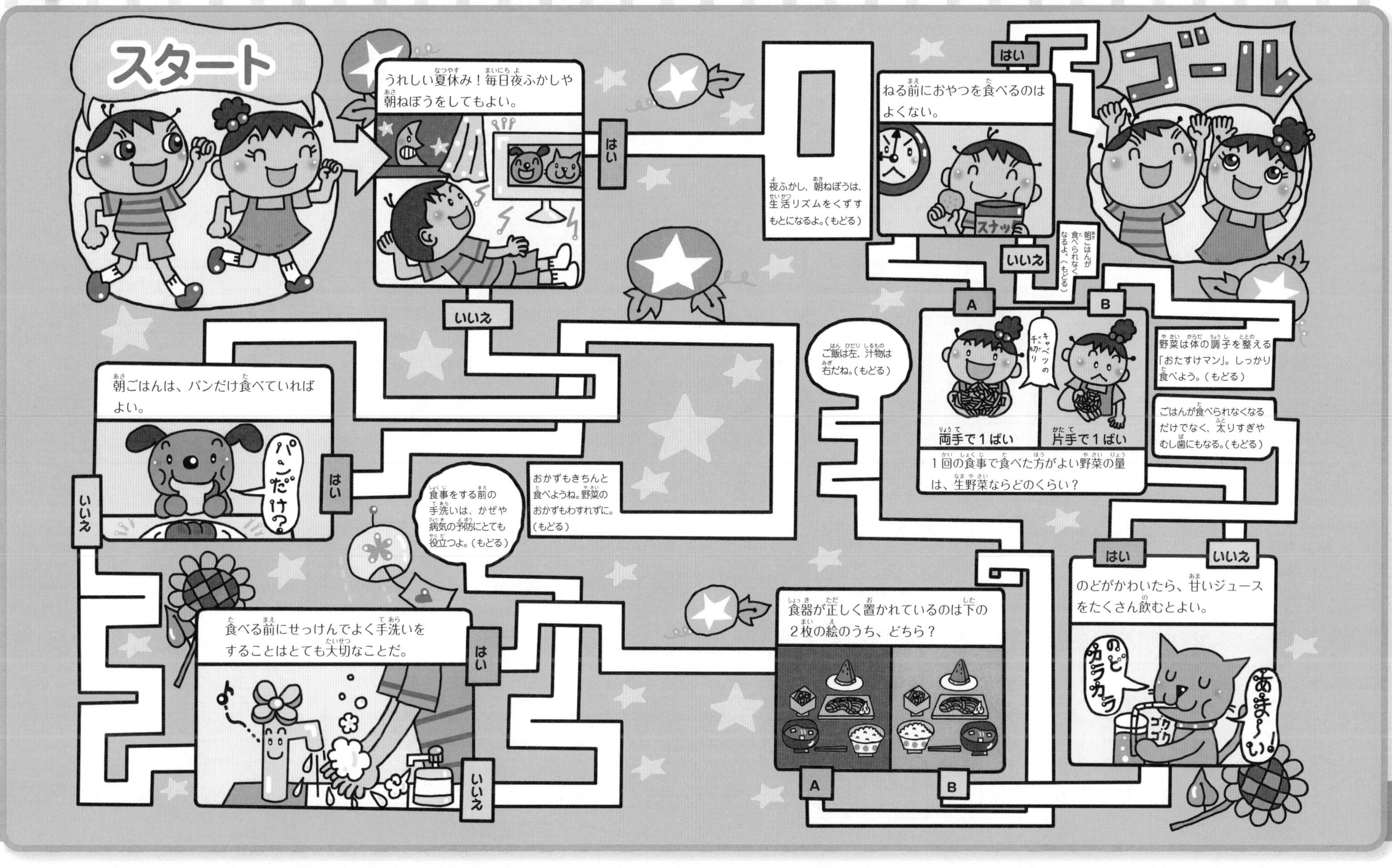
スタート
うれしい夏休み！毎日夜ふかしや朝ねぼうをしてもよい。
はい
いいえ
夜ふかし、朝ねぼうは、生活リズムをくずすもとになるよ。（もどる）
はい
ねる前におやつを食べるのはよくない。
スナック
いいえ
朝ごはんが食べられなくなるよ。（もどる）
ゴール
朝ごはんは、パンだけ食べていればよい。
パンだけ？
はい
いいえ
おかずもきちんと食べようね。野菜のおかずもわすれずに。（もどる）
食事をする前の手洗いは、かぜや病気の予防にとても役立つよ。（もどる）
ご飯は左、汁物は右だね。（もどる）
A
B
キャベツの千切り
両手で１ぱい
片手で１ぱい
１回の食事で食べた方がよい野菜の量は、生野菜ならどのくらい？
野菜は体の調子を整える「おたすけマン」。しっかり食べよう。（もどる）
ごはんが食べられなくなるだけでなく、太りすぎやむし歯にもなる。（もどる）
はい
いいえ
のどがかわいたら、甘いジュースをたくさん飲むとよい。
のどカラカラ
ゴクゴク
あま～い！
食器が正しく置かれているのは下の２枚の絵のうち、どちら？
A
B
食べる前にせっけんでよく手洗いをすることはとても大切なことだ。
はい
いいえ

クイズめいろ

夏休みの生活

スタート
うれしい夏休み！毎日夜ふかしや朝ねぼうをしてもよい。
はい
いいえ
夜ふかし、朝ねぼうは、生活リズムをくずすもとになるよ。（もどる）
ねる前におやつを食べるのはよくない。
スナック
はい
いいえ
朝ごはんが食べられなくなるよ。（もどる）
ゴール
朝ごはんは、パンだけ食べていればよい。
パンだけ？
はい
いいえ
おかずもきちんと食べようね。野菜のおかずもわすれずに。（もどる）
食事をする前の手洗いは、かぜや病気の予防にとても役立つよ。（もどる）
ご飯は左、汁物は右だね。（もどる）
A
B
キャベツの千切り
両手で１ぱい
片手で１ぱい
１回の食事で食べた方がよい野菜の量は、生野菜ならどのくらい？
野菜は体の調子を整える「おたすけマン」。しっかり食べよう。（もどる）
ごはんが食べられなくなるだけでなく、太りすぎやむし歯にもなる。（もどる）
食べる前にせっけんでよく手洗いをすることはとても大切なことだ。
はい
いいえ
食器が正しく置かれているのは下の２枚の絵のうち、どちら？
A
B
はい
いいえ
のどがかわいたら、甘いジュースをたくさん飲むとよい。
のどカラカラ
ゴクゴク
あま〜い！

言葉を発掘!

～「夏の野菜とくだもの」～

ゲームのルール

※たてだけとよこだけをつかいます。ななめはだめです。

※おなじ字は２かいまでつかえます。

クイズ（魚の名前です）

め	あ	い
か	じ	か
さ	ば	り

こたえ

め	あ	い
か	じ	か
さ	ば	り

ぱ	く	ろ	け	か	さ	れ	た	す	ね	お	じ	や	い	ご	り
ぱ	な	な	な	す	き	ゅ	う	り	り	く	な	か	み	ぼ	ん
ぷ	り	た	ね	る	う	る	じ	い	が	ら	っ	き	ょ	う	み
り	ん	ぺ	く	か	ぼ	ち	ゃ	し	し	と	う	る	う	る	ぱ
か	ん	ご	た	ぎ	ん	ぼ	が	そ	ょ	う	と	う	が	ん	く
あ	ご	ぴ	り	ご	た	ろ	い	ん	う	い	ず	っ	き	ー	に
ぴ	ー	ま	ん	さ	と	い	も	げ	が	ま	わ	き	え	く	ん
ま	や	ち	じ	さ	ま	つ	す	こ	す	こ	と	ー	だ	ま	に
ん	ー	に	こ	げ	と	う	も	ろ	こ	し	ま	ろ	ま	け	く
と	る	も	も	ん	こ	ろ	も	ろ	へ	い	や	お	め	ろ	ん

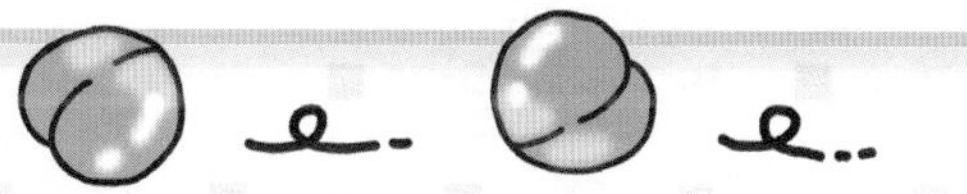

言葉の発掘現場から野菜とくだものの名まえを　さがしてみましょう。全部で28個の名前があります。

言葉を発掘！ ～「夏の野菜とくだもの」～

こたえ

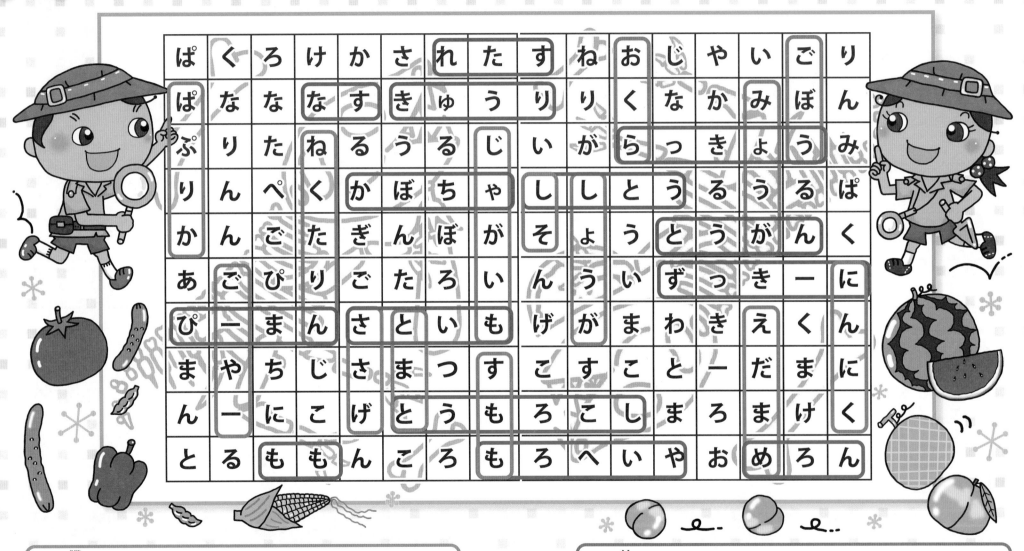

ぱ	く	ろ	け	か	さ	れ	た	す	ね	お	じ	や	い	ご	り
ぱ	な	な	な	す	き	ゅ	う	り	り	く	な	か	み	ぼ	ん
ぷ	り	た	ね	る	う	る	じ	い	が	ら	っ	き	ょ	う	み
り	ん	ぺ	く	か	ぼ	ち	ゃ	し	し	と	う	る	う	る	ぱ
か	ん	ご	た	ぎ	ん	ぼ	が	そ	ょ	う	と	う	が	ん	く
あ	ご	ぴ	り	ご	た	ろ	い	ん	う	い	ず	っ	き	ー	に
ぴ	ー	ま	ん	さ	と	い	も	げ	が	ま	わ	き	え	く	ん
ま	や	ち	じ	さ	ま	つ	す	こ	す	こ	と	ー	だ	ま	に
ん	ー	に	こ	げ	と	う	も	ろ	こ	し	ま	ろ	ま	け	く
と	る	も	も	ん	こ	ろ	も	ろ	へ	い	や	お	め	ろ	ん

たて（左から）
ぱぷりか（パプリカ）、ごーやー（ゴーヤー）、ねくたりん（ネクタリン）、ささげ、とまと(トマト)、じゃがいも、すもも、しそ、しょうが、おくら、みょうが、えだまめ、ごぼう、にんにく　14個

よこ（上から）
れたす（レタス）、なす、きゅうり、らっきょう、かぼちゃ、ししとう、とうがん、ずっきーに(ズッキーニ)、ぴーまん（ピーマン）、さといも、とうもろこし、もも、もろへいや(モロヘイヤ)、めろん(メロン)　14個

ちがいはな〜んだ?

よくかんで食べる

左

ゴクン

右

クチャクチャ

右と左の2まいの絵、よく見ると少しちがっています。

右の絵でちがっているところを見つけましょう。

こたえ

よくかんで食べる

❶
❷
❸
❹
クチャクチャ

❶口にまだ食べ物があるのに、もう次のおかずをとっているぞ。口に入れた食べ物はよくかんで味わい、飲み込んでから次の食べ物をとろう。

❷形のある具がほとんどないカレーだね。スプーンも大きい。よくかんで食べるには、シーフードやとり肉、野菜、きのこなど、かみごたえのあるものを具に加えて、スプーンはなるべく小ぶりなもので食べるのがおすすめだよ。

❸汁物で口の中のものを流し込んでいるね。これはよくない食べ方だよ。ひと口の量をよく考え、ゆっくりよくかんでから飲み込もうね。

❹テレビをつけっぱなしにして、家族の会話も途切れがちだ。テレビを見ながら食べていると、どうしても食べることに集中できない。せっかくの家族そろっての食事、楽しい団らんの時間がもったいないね。

まちがいさがし

配ぜん2

左

右

右と左の2まいの絵には、ちがうところが6つあります。 見つけたら、右の絵のちがうところに○をつけましょう。

こたえ

配ぜん2

❶牛乳とくだものの位置が逆だね。
❷魚の向きが反対だ。魚は頭の方を左に向けて置かれることが多いよ。
❸牛乳と汁物の位置が逆だね。汁物は手前でご飯の右側に置くよ。
❹魚の主菜と野菜の副菜の位置が逆だね。魚の向きも違うね。
❺ご飯と汁物の位置が逆だ。ご飯は左、汁は右です。和食ではご飯茶わんをひんぱんに持つので左手でとりやすいからが1つの理由。また南を向いたとき太陽が昇る東は左側になる。これにならって昔の人は大切なものを左側に置くことが多かったともいわれる。ご飯はとても大切なものだったんだ。
❻はしの向きが逆だね。はしはご飯の方、つまり左側を先にして置きます。

まちがいさがし

お月見

左

右

右と左の2まいの絵には、ちがうところが5つあります。見つけたら、右の絵のちがうところに○をつけましょう。

こたえ

お月見

①
②
③
④
⑤

❶月の中にいるのが「うさぎ」ではなくて「かに」だね。外国では、月の模様をかにや、「本を読むおばあさん」などに見立てているそうだよ。
❷1本が「はたき」になっているぞ。「すすき」は稲穂に見立てて飾られるんだよ。
❸てっぺんに置かれたのはチョコボール？ 月見には「お団子」だね。
❹お供えしているものが、「いも」から「くり」と「豆」になっているぞ。いもをお供えするのは「いも名月」ともよばれる「十五夜」、豆やくりをお供えするのは「豆名月」や「くり名月」ともよばれる「十三夜」であることが多いよ。
❺月見団子をお供えする台、「三方」の面が違っているね。三方は穴の開いていない面を月に向けるので、継ぎ手のある面がちょうどお供えする人の側に向くんだよ。

どこがちがう？

稲刈り

左

いただきます

右

いたたきます

右と左の2まいの絵には、ちがうところが6つあります。　見つけたら、右の絵のちがうところに○をつけましょう。

こたえ

稲刈り

❶
❷
いたたきます
❸
❹
❺
❻

❶刈り取った稲を干す「稲かけ」のやり方が違うね。左は棒を横に渡して稲をかける「はさがけ」、右は立てた棒にかけるので「棒かけ」や「くいかけ」ともいう。地域や農家でやり方が違うんだ。今は刈ってすぐ機械で乾燥させることもあるよ。

❷食事のあいさつは「いただきます」だね。

❸「もみ」はまず「玄米」、そして「胚芽米」や「白米」へと精米される。でも、このように途中で割れてしまったお米は、おせんべいなどの加工用に使われるんだ。

❹そ、それは「かま」ではなくて「孫の手」。忙しくて間違っちゃったのかな…。

❺その穂の形は、稲ではなくて麦だね。麦の刈り入れは初夏であることが多いよ。

❻ご飯と汁物の位置が違うね。はしの先も魚の頭も、そしてご飯を置く場所も食べる人から見て左側だよ。

まちがいさがし

食事中のマナー

左

右

右と左の2まいの絵には、ちがうところが6つあります。 見つけたら、右の絵のちがうところに○をつけましょう。

こたえ

食事中のマナー

1
2
3
4
5
6

❶食事中は勝手に席を立って歩き回ってはいけないよ。

❷あれっ、おかずばかり先に食べているぞ。「ばっかり食べ」といって体にも、見た目にもあまりよくない食べ方だよ。

❸はしの先を人に向けたらあぶないよ。やめようね。

❹ゆめのある話や楽しい話はいいけれど、人がいやがる話や、きたない話をするのはやめようね。

❺口の中に食べ物を入れたまま、おしゃべりしてはいけないよ。

❻お皿に顔を近づけて食べるのは「犬食い」といって、とてもかっこわるい食べ方だ。背すじを伸ばして、はしやスプーンで口まで運んで食べよう。

まちがいさがし

おやつの食べ方

左

ヨーグルト

右

アイス

右と左の2まいの絵には、ちがうところが5つあります。見つけたら、右の絵のちがうところに○をつけましょう。

こたえ

おやつの食べ方

アイス
ポテチ

❶あれれ、時計が５時になっている。もうすぐ夕ごはんだね。おやつを食べていい時間じゃないと思うな。

❷おにぎりとお茶がドーナツとコーラになっているぞ。ドーナツにはあぶらが、コーラなどの飲み物にはさとうがとても多いんだ。

❸ヨーグルトがアイスクリームになっているぞ。アイスクリームには、さとうやあぶらがたくさん使われているんだ。

❹なに、その手! とてもよごれているね。おやつの前もしっかり手を洗って、きれいなハンカチでよくふきとってから食べようね。

❺うわっ！　ジュースはペットボトルごと、ポテトチップスはふくろからそのまま食べているね。これじゃ食べすぎになっちゃうよ。おやつは、皿やコップに分けて、量を決めてから食べようね。

まちがいさがし

感染症拡大時の給食の時間

左

牛乳
牛乳
牛乳
牛乳

右

牛乳
牛乳
牛乳
牛乳

右と左の2まいの絵には、ちがうところが5つあります。　見つけたら、右の絵のちがうところに○をつけましょう。

こたえ

感染症拡大時の給食の時間

❶
❷
❸
❹
❺
牛乳

❶はしの先をなめるのは「ねぶりばし」といって、あまりおぎょうぎのよいことではないよ。
❷食事のときはマスクをはずし、決められた仕方でしまっておこうね。
❸はしの持ち方が変だぞ。スプーンみたいに、にぎって持っているね。
❹室内で大きな声を出すと、つばや、しぶきが周りに飛びちってしまうんだ。感染症が拡大しているときは、マスクを外して食べる給食の時間はとくに注意しようね。
❺ムムッ、よく見るとはしの向きが逆だぞ。はしの先は、ご飯の方に向けるんだったね。しっかり覚えよう。

ワンポイント

ゆっくりよくかんで食べると、消化によいだけでなく、あごがきたえられて歯並びがよくなったり、脳が活発に活動したりすることが知られています。

よくかんで味わうためには、まずは、一度はしを置いて、口をしっかり閉じましょう。そして、片側の奥で10回かみ、つぎに反対側に口の中の食べ物をお引っ越しさせてから、さらにもう10回かんでみましょう。口の中で「味がどう変化するかな」と、観察しながら食べてみると楽しいですよ。

牛乳

言葉を発掘! ~「冬においしい食べ物」~

ゲームのルール

※たてだけとよこだけをつかいます。ななめはだめです。

※おなじ字は2かいまでつかえます。

クイズ（魚の名前です）

め	あ	い
か	じ	か
さ	ば	り

こたえ

め	あ	い
か	じ	か
さ	ば	り

ぱ	く	ろ	め	ゆ	さ	し	ち	す	ね	お	じ	や	か	て	り
ぱ	な	な	き	ず	け	ゅ	ん	っ	ぶ	ろ	っ	こ	り	ー	ん
ふ	り	た	ゃ	み	か	ん	げ	い	り	ら	に	き	ふ	だ	み
り	ん	ぺ	べ	ず	ぼ	ぎ	ん	し	ゅ	も	ん	ほ	ら	だ	ぱ
か	こ	ま	つ	な	は	く	さ	い	ち	ご	じ	う	わ	い	く
あ	ぷ	は	た	は	た	ろ	い	ぎ	ん	な	ん	れ	ー	こ	に
ぴ	ち	ま	ん	い	ら	い	し	げ	が	ま	き	ん	か	ん	ん
ま	べ	ち	じ	よ	ね	ぎ	し	こ	り	ん	ご	そ	ぶ	ま	に
べ	ー	に	こ	か	ぼ	ち	ゃ	ろ	ほ	う	ぼ	う	ま	け	ま
と	る	も	れ	ん	こ	ん	も	か	れ	い	う	お	ん	ろ	け

言葉の発掘現場から野菜、くだもの、魚の名まえを　さがしてみましょう。全部で31個の名前があります。

言葉を発掘！～「冬においしい食べ物」～

こたえ

ぱ	く	ろ	め	ゆ	さ	し	ち	す	ね	お	じ	や	か	て	り
ぱ	な	な	き	ず	け	ゅ	ん	っ	ぶ	ろ	っ	こ	り	ー	ん
ふ	り	た	ゃ	み	か	ん	げ	い	り	ら	に	き	ふ	だ	み
り	ん	ぺ	べ	ず	ぼ	ぎ	ん	し	ゅ	も	ん	ほ	ら	だ	ぱ
か	こ	ま	つ	な	は	く	さ	い	ち	ご	じ	う	わ	い	く
あ	ぷ	は	た	は	た	ろ	い	ぎ	ん	な	ん	れ	ー	こ	に
ぴ	ち	ま	ん	い	ら	い	し	げ	が	ま	き	ん	か	ん	ん
ま	べ	ち	じ	よ	ね	ぎ	し	こ	り	ん	ご	そ	ぶ	ま	に
べ	ー	に	こ	か	ぼ	ち	ゃ	ろ	ほ	う	ぼ	う	ま	け	ま
と	る	も	れ	ん	こ	ん	も	か	れ	い	う	お	ん	ろ	け

たて（左から）

ぷちべーる（プチベール）、めきゃべつ（芽キャベツ）、ゆず、みずな、いよかん、さけ、たら、しゅんぎく（春菊）、ちんげんさい（チンゲンサイ）、ししゃも、ぶり、にんじん、ごぼう、ほうれんそう、かりふらわー（カリフラワー）、かぶ、だいこん
17個

よこ（上から）

ぶろっこりー（ブロッコリー）、みかん、こまつな、はくさい、いちご、はたはた、ぎんなん、きんかん、ねぎ、りんご、かぼちゃ、ほうぼう、れんこん、かれい
14個

まちがいさがし

おせち

左

右

右と左の2まいの絵には、ちがうところが6つあります。　見つけたら、右の絵のちがうところに○をつけましょう。

こたえ

おせち

❶
❷
❸
❹
❺
❻

❶ あれっ、それはただのわりばし…。おせちでは「祝いばし」といって両はしが細くなったはしを使うことが多いよ。

❷ ムムッ、「だて巻き」が「なると巻き」だ。だて巻きは「巻物（昔の巻本）」に似ているので、知識がふえて頭がよくなるようにと願うんだ。

❸「田作り」のはずが…、これは小枝チョコ !?　田作りは昔、「いわし」を田んぼの肥料にしたことから、豊作を願って食べるよ。

❹「煮しめ」の「しいたけ」が唐揚げになっているぞ。しいたけには冬にとくに大切なビタミンDがいっぱい。昔の人はよく考えていたんだね。

❺「めでたい」の「たい」の頭が…、あっ逆だ。頭は左だよ。

❻ 長生きを願って食べる「えび」の数が1つ足りないぞ。おせちでは並べる品物の数を縁起のよい奇数にすることが多いよ。

まちがいさがし

鏡開き

左

右

右と左の2まいの絵には、ちがうところが5つあります。

見つけたら、右の絵のちがうところに○をつけましょう。

こたえ

鏡開き

❶
❷
❸
❹
❺

❶ お正月にお供えした鏡もちを下げていただくのが「鏡開き」の行事。縁起が悪いので「鏡もち」は決して包丁では切らず、木づちなどを使って、割って細かくするんだ。そして「割る」ことを、「運が開く」にかけて「開く」と言いかえるんだよ。

❷ 同じ 2 段重ねだけど…、それは去年のクリスマスケーキかな?

❸ 小さくしたもちは「ぞうに」や「しるこ」にして食べる…。あれっ、これはさといもを使った山形名物の「いも煮」かな?「いも煮会」は秋にするものだよ。

❹ きみきみ、寒中がまん大会ではありません。同じ「あずき」でも、かき氷ではなく、温かいしるこでいただこうね。

❺ それは、おそば…かな。「年越しそば」なら今年のおおみそかまで待とうね。

だいずのへんしんめいろ

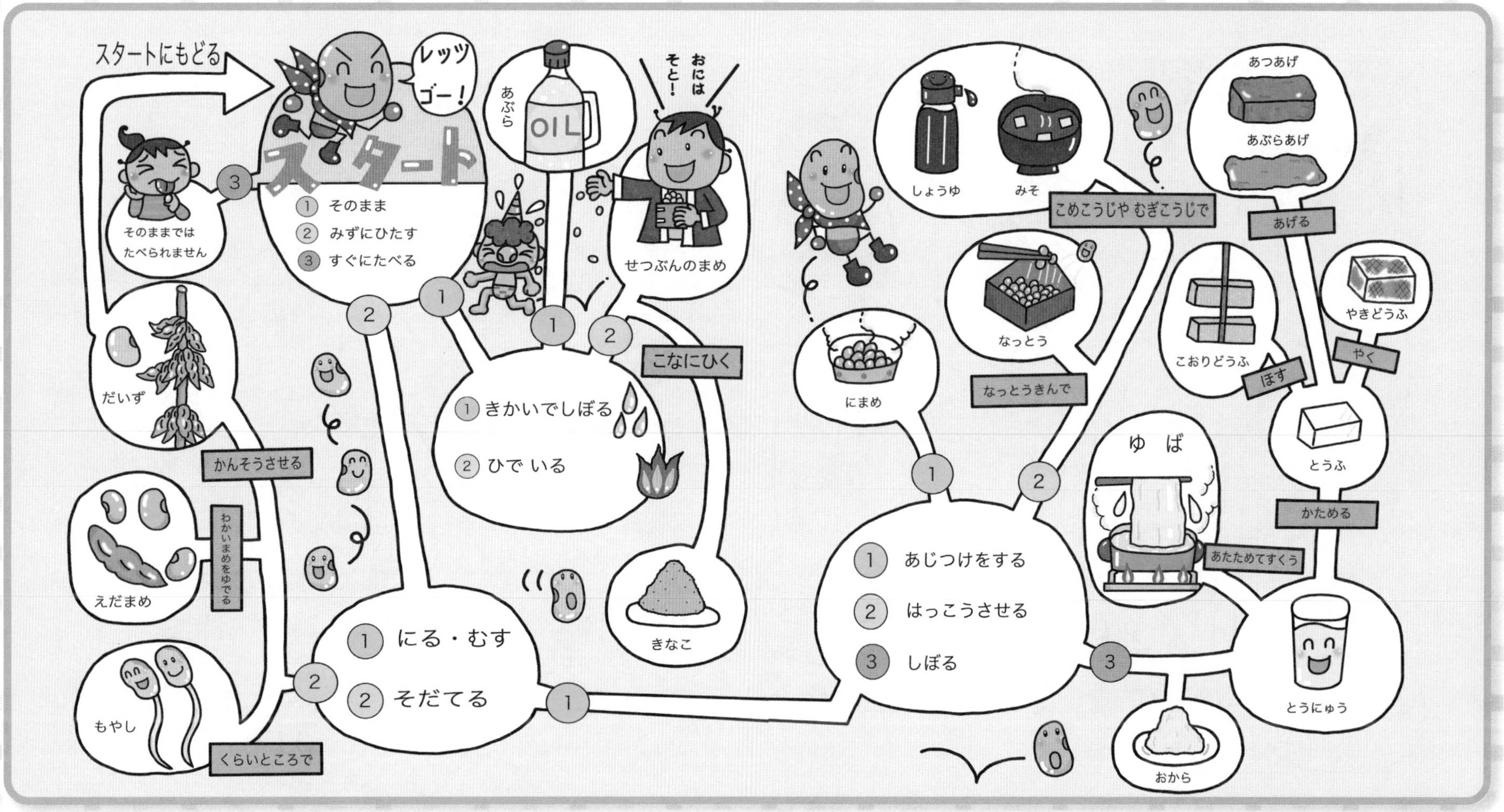
スタートにもどる
レッツゴー！
スタート
① そのまま
② みずにひたす
③ すぐにたべる
そのままでは たべられません
あぶら
OIL
おにはそと！
せつぶんのまめ
① きかいでしぼる
② ひで いる
こなにひく
きなこ
だいず
かんそうさせる
えだまめ
わかいまめをゆでる
もやし
くらいところで
① にる・むす
② そだてる
しょうゆ
みそ
こめこうじや むぎこうじで
なっとう
なっとうきんで
にまめ
① あじつけをする
② はっこうさせる
③ しぼる
あつあげ
あぶらあげ
あげる
こおりどうふ
ほす
やきどうふ
やく
とうふ
かためる
ゆば
あたためてすくう
とうにゅう
おから

やぁ！ ぼくは、だいずの「だいずくん」。ぼくは、いろいろな たべものにへんしんしているよ。 さぁ、いろいろたんけんだ！

だいずのへんしんめいろ

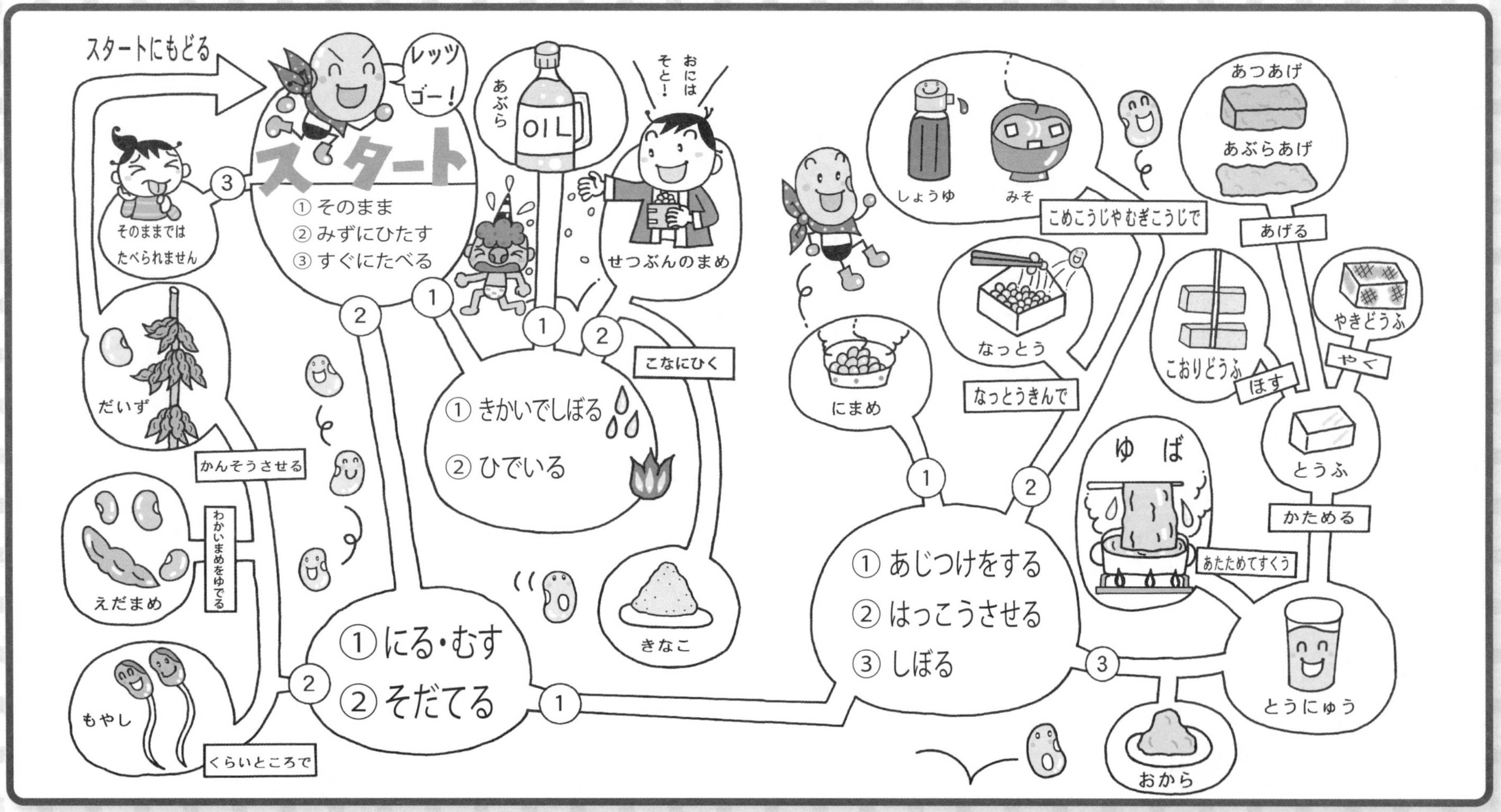
スタートにもどる
レッツゴー！
スタート
① そのまま
② みずにひたす
③ すぐにたべる
そのままでは
たべられません
あぶら
OIL
おには
そと！
せつぶんのまめ
① きかいでしぼる
② ひでいる
こなにひく
きなこ
だいず
かんそうさせる
わかいまめをゆでる
えだまめ
もやし
くらいところで
① にる・むす
② そだてる
しょうゆ
みそ
こめこうじやむぎこうじで
なっとう
なっとうきんで
にまめ
① あじつけをする
② はっこうさせる
③ しぼる
あつあげ
あぶらあげ
あげる
こおりどうふ
ほす
やきどうふ
やく
とうふ
かためる
ゆば
あたためてすくう
とうにゅう
おから

やぁ！ ぼくは、だいずの「だいずくん」。ぼくは、いろいろな たべものにへんしんしているよ。 さぁ、いろいろたんけんだ！

まちがいさがし

はしの使い方

左

MILK

右

MILK

右と左の2まいの絵には、ちがうところが6つあります。　見つけたら、右の絵のちがうところに○をつけましょう。

こたえ

はしの使い方

❶
❷
❸
❹
❺
❻
MILK

❶はしの先をなめるのは「ねぶりばし」といって、してはいけないことだよ。
❷ムムッ、よく見るとはしの向きが逆だ。はしの先は、ご飯の方に向けるんだったね。しっかり覚えよう。
❸魚の身を切り分けずにさしているみたいだね。食べ物をさして口に運んではいけないよ。「さしばし」「つきばし」といってマナーいはんなんだ。
❹はしの先で人を指すのはやめよう。こちらも「指しばし」といって、お行儀のよいことではないよ。
❺はしの持ち方が変だね。スプーンみたいに、にぎって持っているぞ。
❻両手ではしをはさんで「いただきます」をしているのかな。でも、これもマナーいはん。「おがみばし」といって、とてもみっともないよ。

まちがいさがし

ひなまつり

左

右

右と左の2まいの絵には、ちがうところが8つあります。

見つけたら、右の絵のちがうところに◯をつけましょう。

こたえ　ひなまつり

1
2
3
4
5
6
7
8

❶❷「ひしもち」の色のついたおもちの重ね方がちがうね。上から桃、白、緑で、「雪の下に新芽が芽吹き、桃の花が咲いて春が来た様子を表す」といわれているよ。

❸「菜の花ちらしずし」じゃなくて、「ブロッコリーのドリア」だ。

❹❺庭木が逆。「左近の桜、右近のたちばな」といって、宮殿の庭には、南を向いて座るお人形たちから見て左の東側に桜、右の西側にみかんの仲間のたちばなが植えられていたんだよ。

❻ムムッ、「桜もち」ではなくて、これは「かしわもち」。かしわもちは5月の「端午の節句」でよく食べられるものだね。

❼❽「はまぐりのお吸い物」ではなく、これは「しじみ汁」。「はまぐり」はひなまつりの縁起物としてよく使われる貝だよ。

ものしりメモ

京都

内裏びなの並べ方は地域によってちがうよ。もともとは京都の並べ方の方が古くて、南側を向いて東にあたる左におびな、西にあたる右にめびなを置いていたんだ。でも明治時代に入って、西洋の王さまとお妃さまの並び方にそろえたんだよ。

ご飯茶わんと汁わんの並べ方も、ここから来ているという説もあるんだ。2つあるもののうち、位が高い方を左に置く。だから左大臣と右大臣ではおじいちゃんの左大臣の方が宮廷での位は上なんだ。昔の人は、ご飯の方がえらいと考えていたのかな。

バイキング給食

左

右

右と左の2まいの絵には、ちがうところが5つあります。見つけたら、右の絵のちがうところに○をつけましょう。

こたえ

バイキング給食

1
2
3
4
5

❶お皿の位置がちがっているよ。ご飯は汁物の左に置くんだったね。

❷トレーの上にはおかずばかりだ。おもに体を動かすもとになるご飯やパンなどの主食がないね。これでは栄養のバランスがとれないよ。

❸一度とったものをもどすのはあまりいいことではない。はしで投げてもどすのはもっといけないことだ。自分が食べきれる量を考えてからとろうね。

❹あれっ、自分のはしでとっていない？　みんなが食べるものだからトングやさいばしがあったら、そちらを使ってとろうね。

❺デザートのメガもり〜、でもこれではやりすぎ〜。楽しいのはわかるけど、ほどほどにね。

言葉を発掘！（ことばをはっくつ）

~「春・初夏においしい食べ物」~

ゲームのルール

※たてだけとよこだけをつかいます。ななめはだめです。

※おなじ字は２かいまでつかえます。

※たては上から、よこは左からさがしてね。

クイズ（魚の名前です）

め	あ	い
か	じ	か
さ	ば	り

こたえ

め	あ	い
か	じ	か
さ	ば	り

は	は	お	こ	う	た	ら	の	め	ん	こ	き	し	ぜ	ん	こ
に	い	そ	た	る	い	な	き	ぐ	っ	さ	く	ら	ん	ぼ	ろ
び	に	ら	た	た	け	の	こ	れ	ま	や	ら	す	ま	い	ん
び	た	ま	ね	ぎ	す	は	は	ー	ぷ	え	み	み	い	ろ	で
わ	か	め	か	ぎ	す	な	っ	ぷ	え	ん	ど	う	ろ	ん	こ
ん	な	み	お	は	あ	に	さ	ふ	う	ど	ぴ	み	な	な	ぽ
か	つ	お	ぐ	ま	さ	し	く	る	す	う	と	に	さ	お	ん
な	み	は	な	ぐ	り	ん	ぴ	ー	す	む	こ	す	わ	ら	び
に	か	さ	よ	り	き	ゃ	べ	つ	あ	あ	す	ぱ	ら	が	す
わ	ん	こ	ね	こ	お	ぺ	く	ち	じ	ゃ	が	い	も	ー	の

言葉の発掘現場から野菜、山菜、くだもの、魚、貝、海そうの名まえをさがしてみましょう。全部で31個の名前があります。

言葉(ことば)を発掘(はっくつ)！～「春(はる)・初夏(しょか)においしい食(た)べ物(もの)」～

こたえ

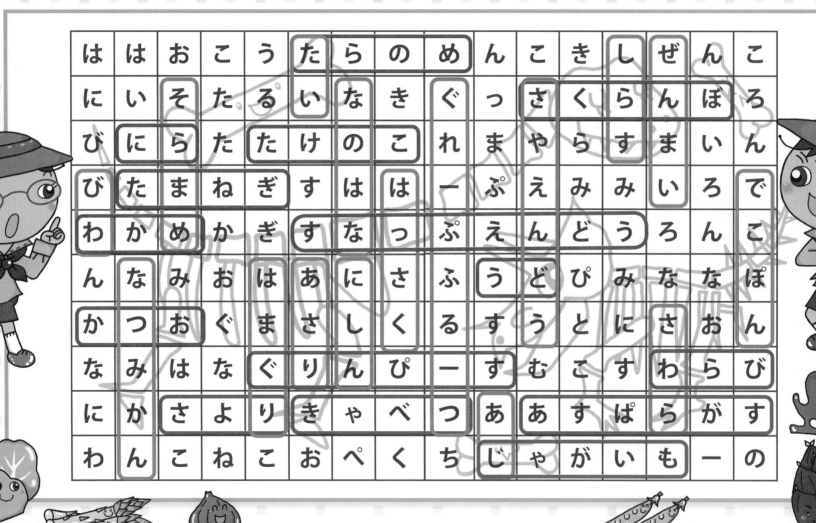

は	は	お	こ	う	た	ら	の	め	ん	こ	き	し	ぜ	ん	こ
に	い	そ	た	る	い	な	き	ぐ	っ	さ	く	ら	ん	ぼ	ろ
び	に	ら	た	た	け	の	こ	れ	ま	や	ら	す	ま	い	ん
び	た	ま	ね	ぎ	す	は	は	ー	ぷ	え	み	み	い	ろ	で
わ	か	め	か	ぎ	す	な	っ	ぷ	え	ん	ど	う	ろ	ん	こ
ん	な	み	お	は	あ	に	さ	ふ	う	ど	ぴ	み	な	な	ぽ
か	つ	お	ぐ	ま	さ	し	く	る	す	う	と	に	さ	お	ん
な	み	は	な	ぐ	り	ん	ぴ	ー	す	む	こ	す	わ	ら	び
に	か	さ	よ	り	き	ゃ	べ	つ	あ	あ	す	ぱ	ら	が	す
わ	ん	こ	ね	こ	お	ぺ	く	ち	じ	ゃ	が	い	も	ー	の

たて（左(ひだり)から）

びわ、なつみかん、そらまめ、はまぐり、たい、あさり、なのはな、にしん、はっさく、ぐれーぷふるーつ(グレープフルーツ)、あじ、さやえんどう、しらす、ぜんまい、さわら、でこぽん(デコポン)　16個(こ)

よこ（上(うえ)から）

たらのめ、さくらんぼ、にら、たけのこ、たまねぎ、わかめ、すなっぷえんどう(スナップえんどう)、うど、かつお、ぐりんぴーす(グリンピース)、わらび、さより、きゃべつ(キャベツ)、あすぱらがす(アスパラガス)、じゃがいも　15個(こ)

食育 わくわくブック

さやえんどう
わくわくブック

わくわくブックの作り方

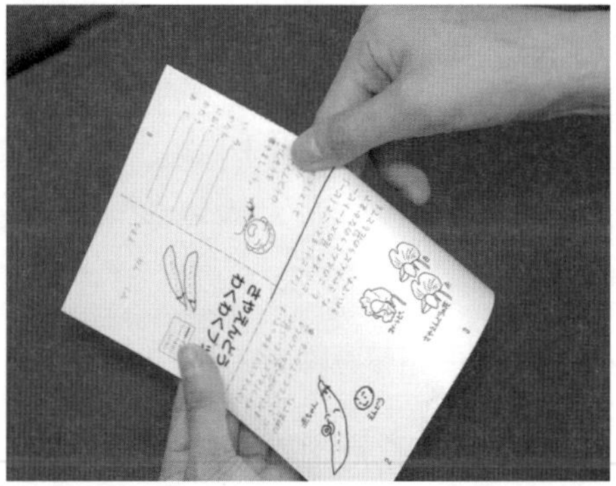

①線に合わせてたて半分に折る

②切り込み線にハサミを入れる

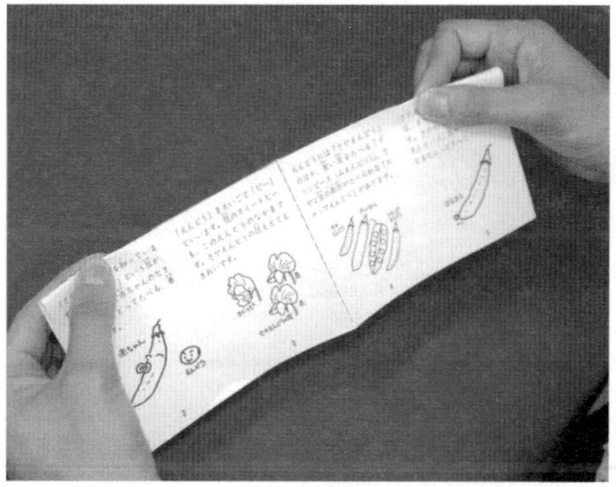

③一度広げて、横半分に折る

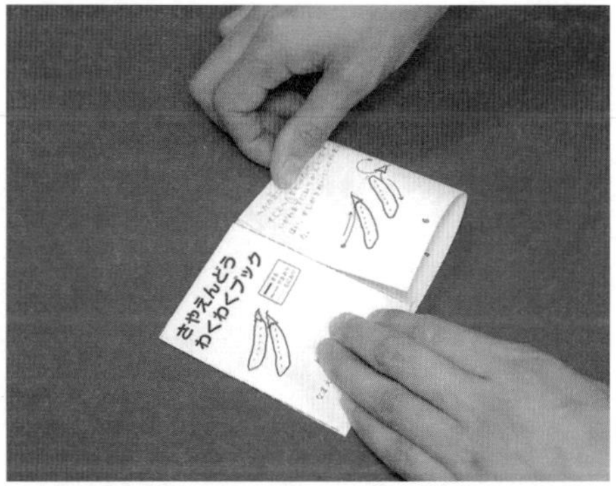

④「たにおり」の部分を折り込む

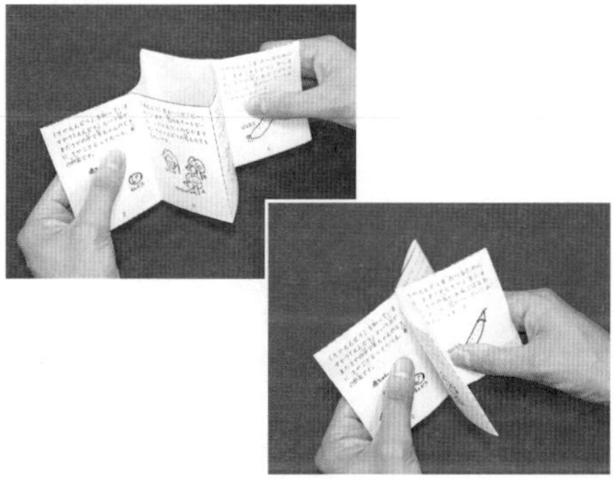

⑤はしを持って中心方向へ押す

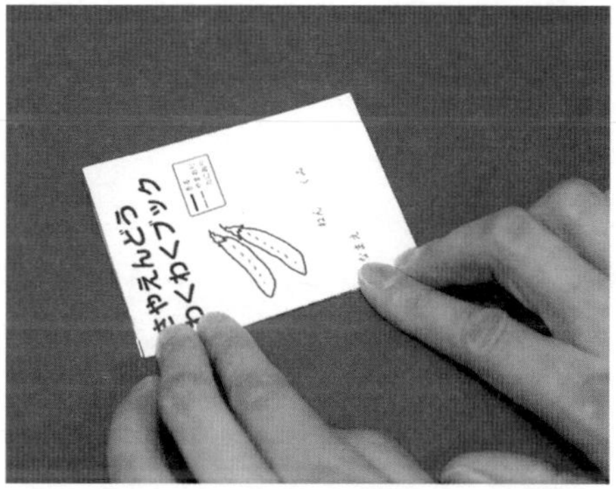

⑥表紙が表にくるように折りたたむ

※白黒版では子どもたちに色鉛筆などで色をぬってもらうと個性的なブックになり、より愛着もわきます。

●ご注意

CD-ROM収録のPDF台紙は**B5判**の大きさで作っています。ただし、パソコンやプリンタ環境によっては、両端や上下にすき間が自動的に作られて印刷されることがあります。

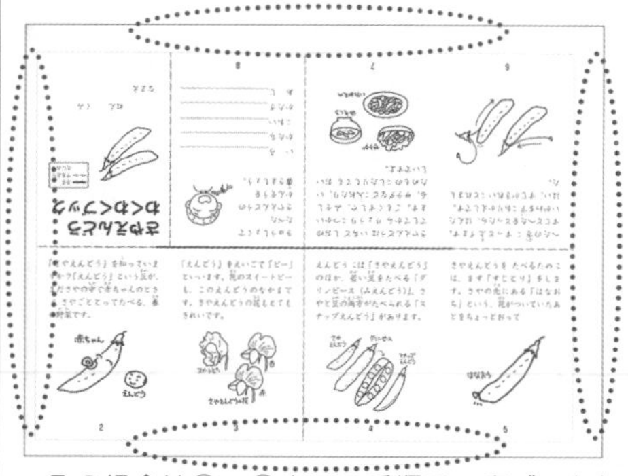

その場合は①～⑥までの手順で一度ブックを作ってから、外枠の薄い線にそって、はみ出した部分をハサミで切り落としてください。パソコンでA4判などに拡大プリントするときも同様に行っていただくと、きれいに作ることができます。

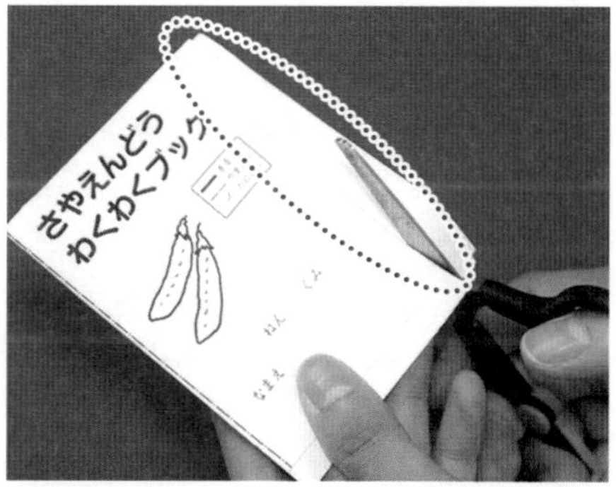
さやえんどう
わくわくブック

PDF台紙は1ページ目がカラー、2ページ目が白黒になっています。

さやえんどう わくわくブック

━━	きる
─・─	やまおり
- - -	たにおり

ねん　　くみ

なまえ

「さやえんどう」を知っていますか？「えんどう」という豆が、まださやの中で赤ちゃんのときに さやごととってたべる、春の野菜です。

赤ちゃん
えんどう

「えんどう」をえいごで「ピー」といいます。花のスイートピーも、このえんどうのなかまです。さやえんどうの花もとてもきれいです。

スイートピー
白
赤
さやえんどうの花

えんどうには「さやえんどう」のほか、若い豆をたべる「グリンピース（みえんどう）」、さやと豆の両方がたべられる「スナップえんどう」があります。

さや
えんどう
グリンピース
スナップ
えんどう

さやえんどうを たべるためには、まず「すじとり」をします。さやの先にある「はなおち」という、花がついていたあとをちょっとおって…

はなおち

へたの方に すっと上げます。すじとへたをとったら、はんたいがわを下におりかえしです。はい、すじがきれいにとれました。

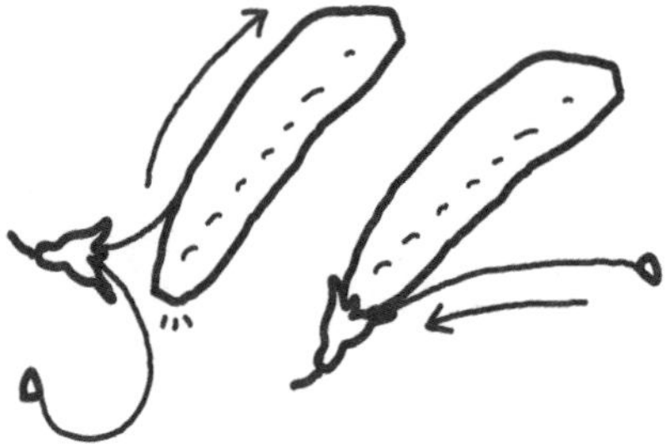

さやえんどうは いちど しおゆでしてから りょうりにつかいます。ごもくずしや、みそしる、サラダなどに入れたり、いためものにしたりしても おいしいですよ。

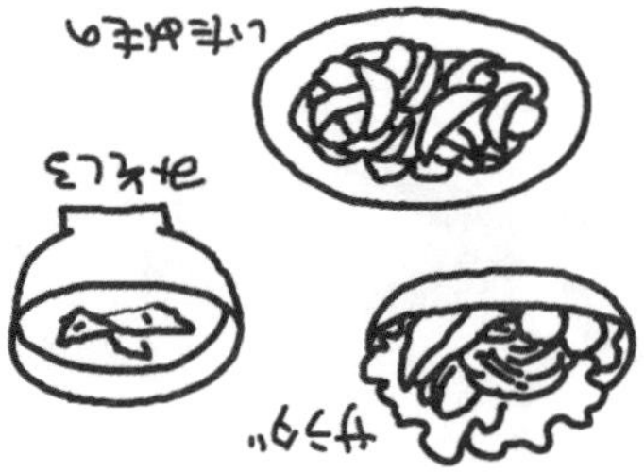
サラダ
みそしる
いためもの

きゅうしょくで
たべた
さやえんどうの
かんそうを
書きましょう。

いろ………………………………

かたち………………………………

におい………………………………

かたさ………………………………

あじ………………………………

さやえんどう わくわくブック

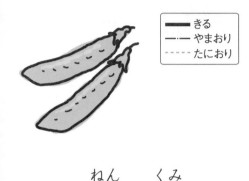

きる
やまおり
たにおり

ねん　　くみ

なまえ

「さやえんどう」を知っていますか？「えんどう」という豆が、まださやの中で赤ちゃんのときに さやごととってたべる、春の野菜です。

赤ちゃん
えんどう

2

「えんどう」をえいごで「ピー」といいます。花のスイートピーも、このえんどうのなかまです。さやえんどうの花もとてもきれいです。

スイートピー
白
赤
さやえんどうの花

3

えんどうには「さやえんどう」のほか、若い豆をたべる「グリンピース（みえんどう）」、さやと豆の両方がたべられる「スナップえんどう」があります。

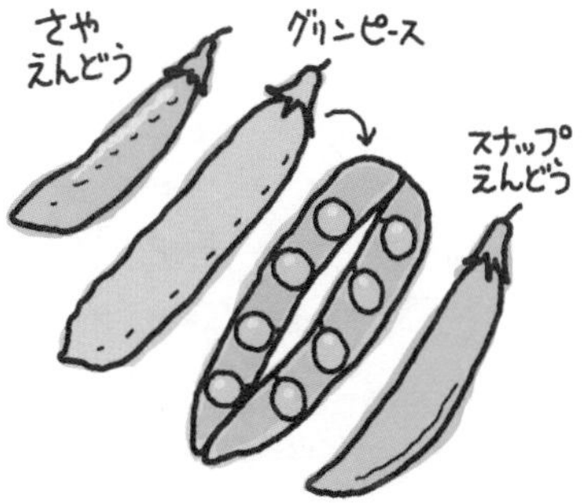
さや えんどう
グリンピース
スナップ えんどう

4

さやえんどうを たべるためには、まず「すじとり」をします。さやの先にある「はなおち」という、花がついていたあとをちょっとおって…

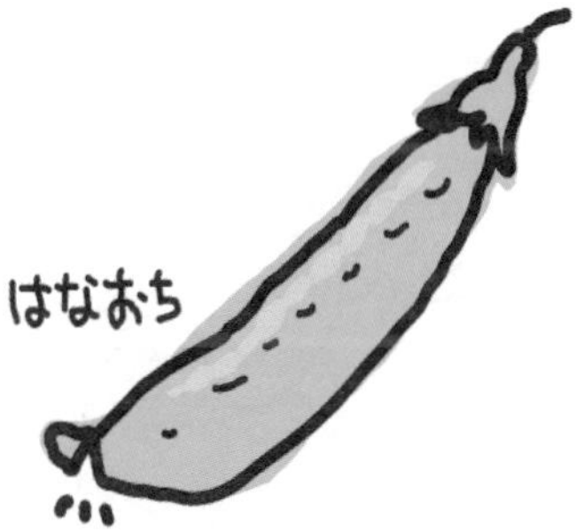
はなおち

5

へたの方に すっと上げます。すじとへたをとったら、はんたいがわを下におりかえしです。はい、すじがきれいにとれました。

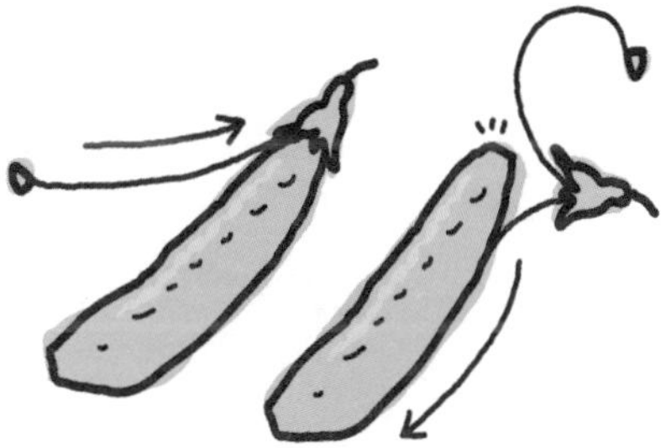

6

さやえんどうは いちど しおゆでしてから りょうりにつかいます。ごもくずしや、みそしる、サラダなどに入れたり、いためものにしたりしても おいしいですよ。

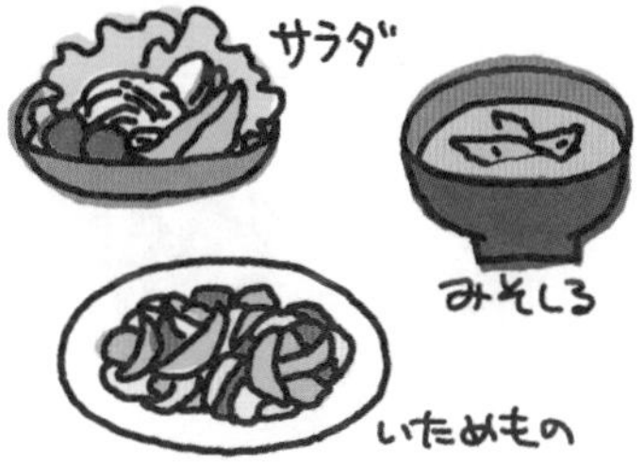
サラダ
みそしる
いためもの

7

きゅうしょくで
たべた
さやえんどうの
かんそうを
書きましょう。

いろ……………………

かたち……………………

におい……………………

かたさ……………………

あじ……………………

8

グリンピース わくわく ブック

きる
やまおり
たにおり

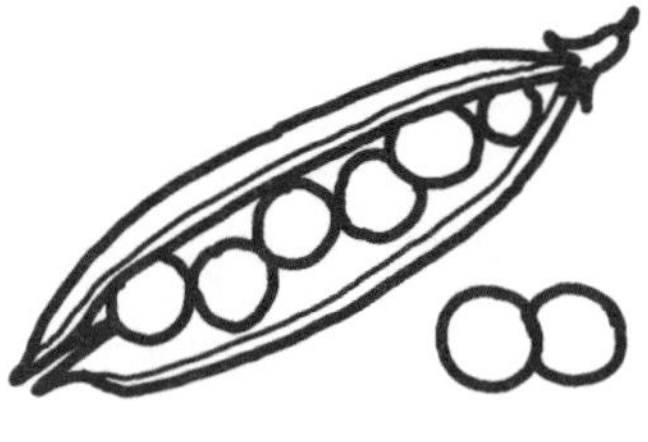

ねん　くみ

なまえ

グリンピースは すきですか？グリンはみどりの「グリーン」、ピースはえいごで「豆」というみです。ピースサインの「ピース」じゃないよ。

ピースじゃないよ

グリンピースは「えんどう」という豆のなかまです。花はスイートピーに にています。まだかたくならないうちに、豆をさやからとり出してたべます。

では、豆をさやから出しましょう。まず、グリンピースのさやの両方の先をよく見くらべます。先がとがっているものとやや丸くなっているものがあります。

やや丸くなっているほうの先を 手から少し上に出して、しずかにさやをにぎってみましょう。「ポン」と小さな音がして、さやがわれるので、そこからさやをひらきます。

ポン

さやの中には豆が並んでいます。上手にひらくと、両方のさやに豆がかわりばんこについているのがわかります。おもしろいね。

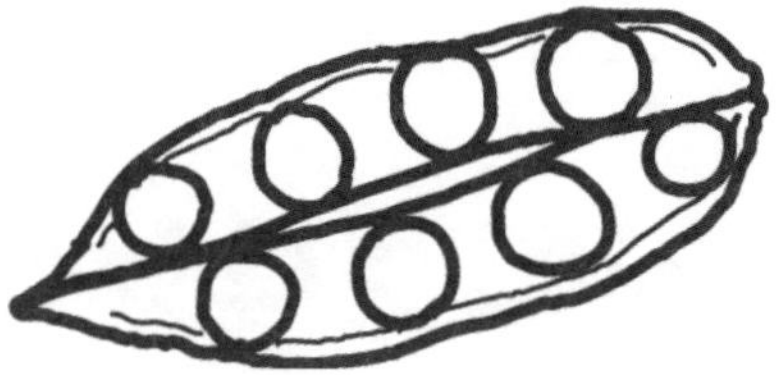

グリンピースの豆はまん丸なのでよくころがります。みんながたべるものだから、豆を出すときには、ゆかにおとさないようにちゅういしようね。

きゅうしょくで
たべた
グリンピースの
かんそうを
書きましょう。

いろ

かたち

におい

かたさ

あじ

グリンピース わくわくブック

きる
やまおり
たにおり

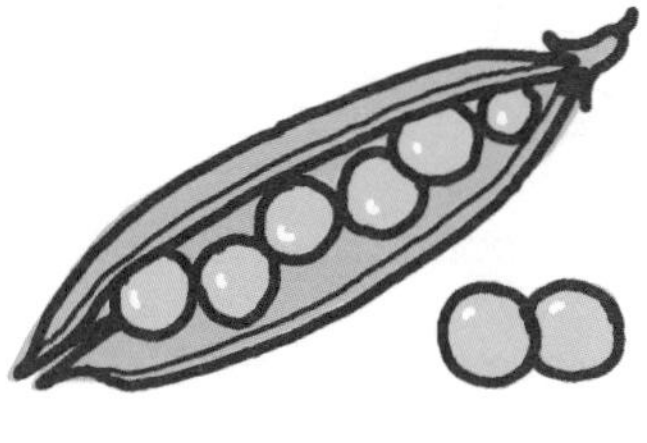

ねん　くみ

なまえ

グリンピースは すきですか？グリンはみどりの「グリーン」、ピースはえいごで「豆」というい みです。ピースサインの「ピース」じゃないよ。

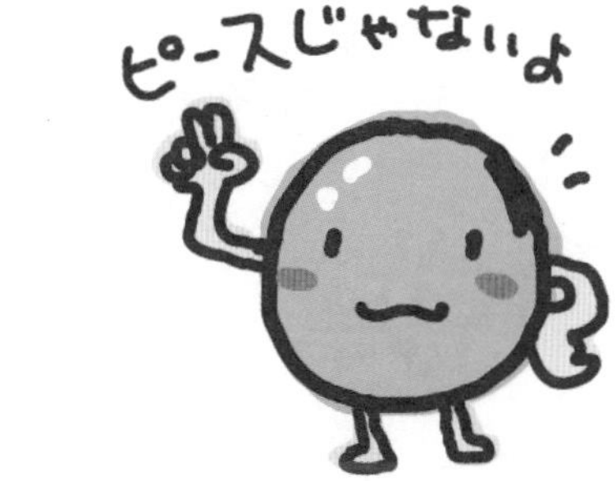
ピースじゃないよ

2

グリンピースは「えんどう」という豆のなかまです。花はスイートピーに にています。まだかたくならないうちに、豆をさやからとり出してたべます。

3

では、豆をさやから出しましょう。まず、グリンピースのさやの両方の先をよく見くらべます。先がとがっているものとやや丸くなっているものがあります。

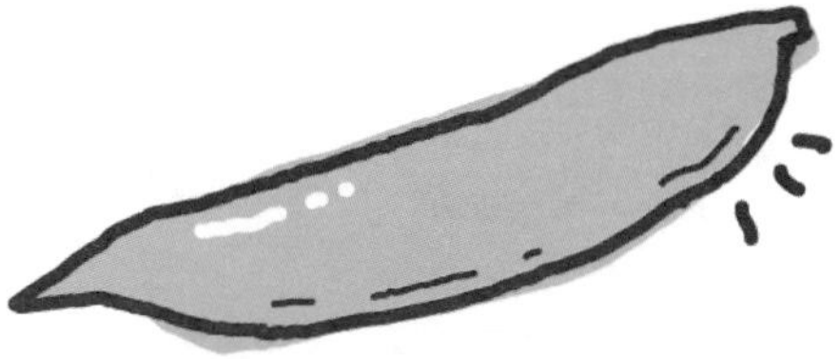

4

やや丸くなっているほうの先を 手から少し上に出して、しずかにさやをにぎってみましょう。「ポン」と小さな音がして、さやがわれるので、そこからさやをひらきます。

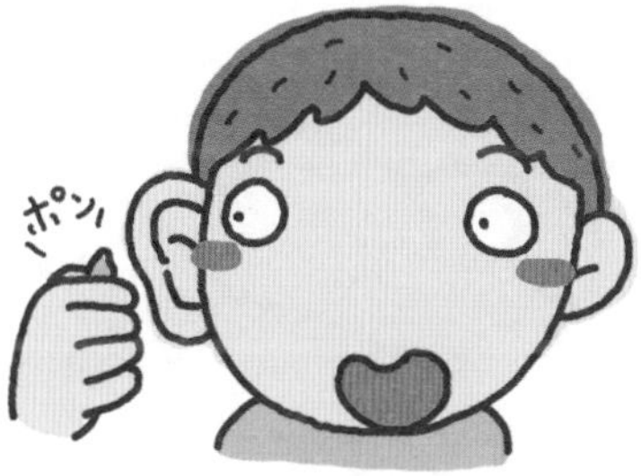
ポン

5

さやの中には豆が並んでいます。上手にひらくと、両方のさやに豆がかわりばんこについているのがわかります。おもしろいね。

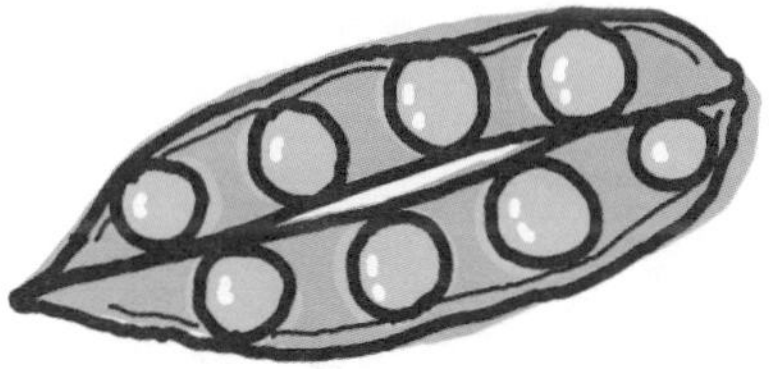

6

グリンピースの豆はまん丸なのでよくころがります。みんながたべるものだから、豆を出すときには、ゆかにおとさないようにちゅういしようね。

7

きゅうしょくでたべたグリンピースのかんそうを書きましょう。

いろ

かたち

におい

かたさ

あじ

8

そらまめ わくわくブック

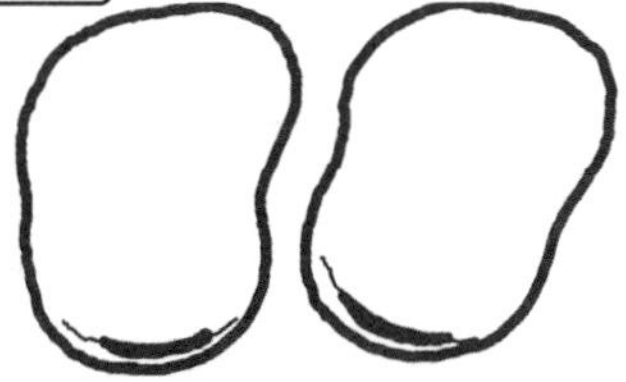

きる
やまおり
たにおり

ねん　くみ

なまえ

きゅうしょくで
たべた
そらまめの
かんそうを
書きましょう。

い　ろ……………………

かたち……………………

におい……………………

かたさ……………………

あ　じ……………………

とりだした
そらまめの
いろや かたち
かたさや
においを
かんさつして
とくちょうを 書きましょう。

い　ろ……………………

かたち……………………

におい……………………

かたさ……………………

さやの 中は、ふわふわの ベッドの ようです。そらまめのまめは、３つから ４つくらい なかよく ならんでいます。

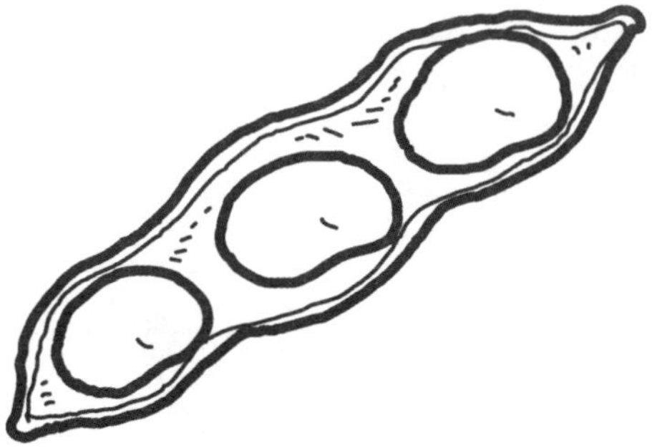

まめは、「さや」の中に なります。まめのさやで、みんなはどんなものを 見たことがありますか？

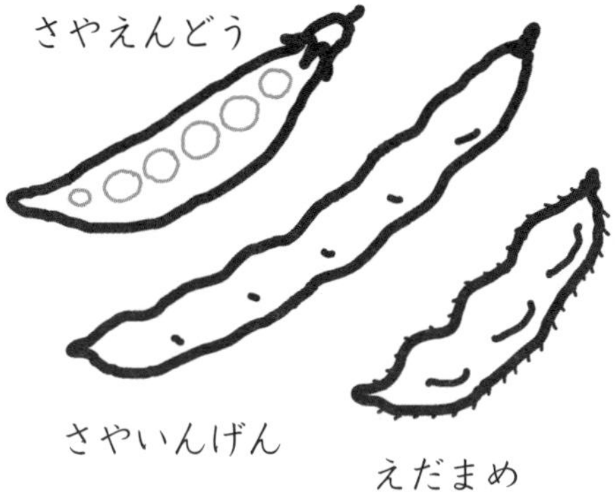
さやえんどう
さやいんげん
えだまめ

そらまめは、さやが 空を むいてなるので、「そらまめ」という なまえが つきました。
「てんまめ（天豆）」ともいいます。

そらまめの
はな

そらまめの さやは、とても大きいですね。

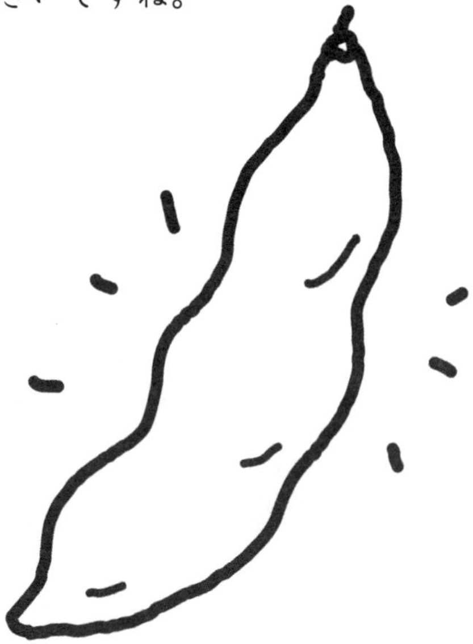

そらまめのさやを むくときには、りょうほうのはしを もって、ぞうきんを しぼるときのように ぎゅっとしぼると、じょうずにむけますよ。

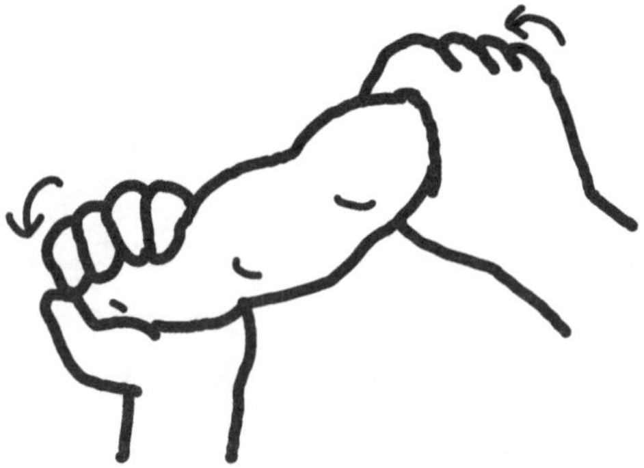

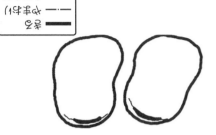

そらまめ わくわくブック

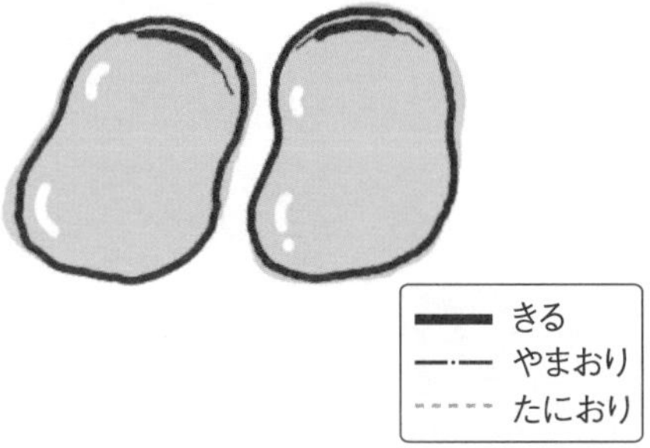

きる
やまおり
たにおり

ねん　くみ

なまえ

まめは、「さや」の中に なります。まめのさやで、みんなは どんなものを 見たことが ありますか？

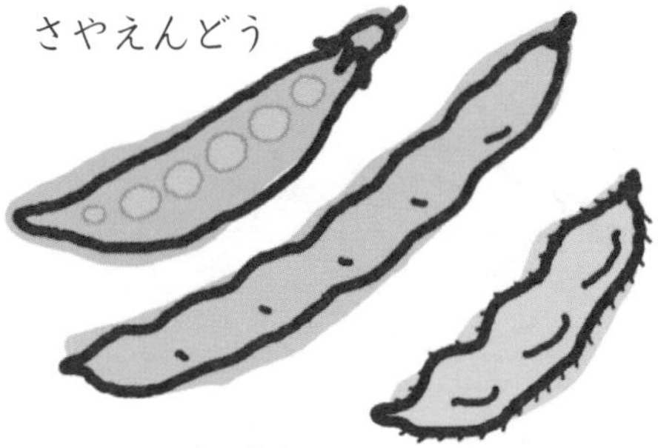

さやえんどう
さやいんげん
えだまめ

そらまめは、さやが 空を むいてなるので、「そらまめ」という なまえが つきました。
「てんまめ（天豆）」ともいいます。

そらまめの
はな

そらまめの さやは、とても大きいですね。

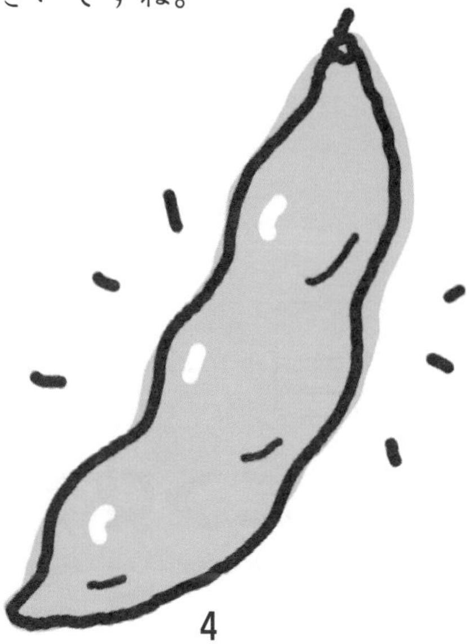

そらまめのさやを むくときには、りょうほうのはしを もって、ぞうきんを しぼるときのように ぎゅっとしぼると、じょうずにむけますよ。

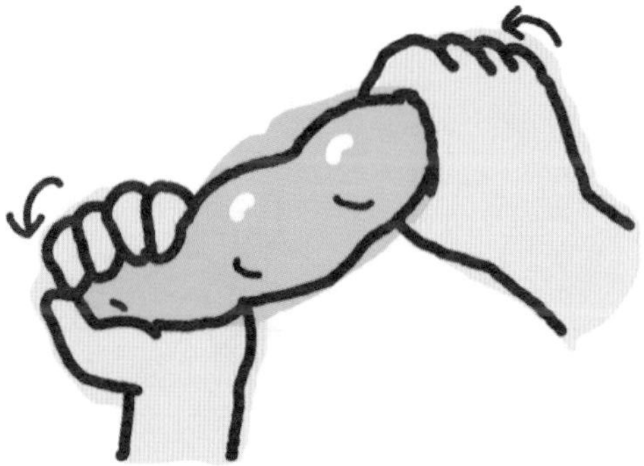

さやの 中は、ふわふわの ベッドの ようです。そらまめのまめは、３つから ４つくらい なかよく ならんでいます。

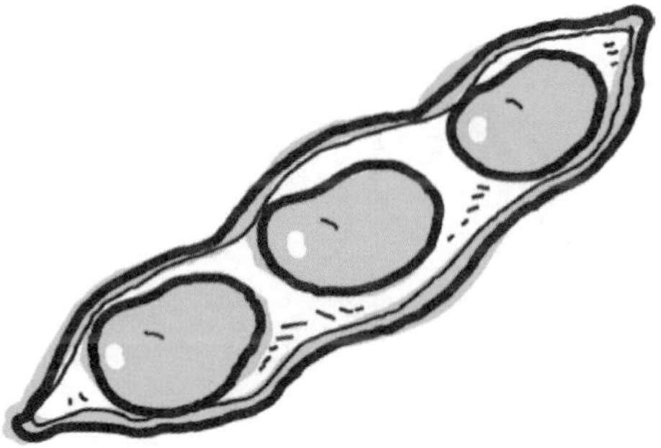

とりだした
そらまめの
いろや かたち
かたさや
においを
かんさつして
とくちょうを 書きましょう。

いろ………………………………
かたち………………………………
におい………………………………
かたさ………………………………

きゅうしょくで
たべた
そらまめの
かんそうを
書きましょう。

いろ………………………………
かたち………………………………
におい………………………………
かたさ………………………………
あじ………………………………

ミニトマト わくわくブック

- きる
- やまおり
- たにおり

ねん　くみ

なまえ

みんなが そだてた
ミニトマト。
どんな花が
さいていましたか？

花の絵をかいてみましょう！

青い実が赤くなるまで だいぶ時間がかかりましたね。実はいくつなりましたか。一番大きな実の 大きさもはかってみましょう。

実の数 ＿＿＿＿＿＿ こ

一番大きい
ミニトマトの大きさ

＿＿＿ cm ＿＿＿ mm

トマトは むかしは「あかなす」と いわれていました。じつはトマトは なすのなかまです。じゃがいもや ピーマンも同じなかまなのですよ。

そのあかしは花です。
どれもよくにています。

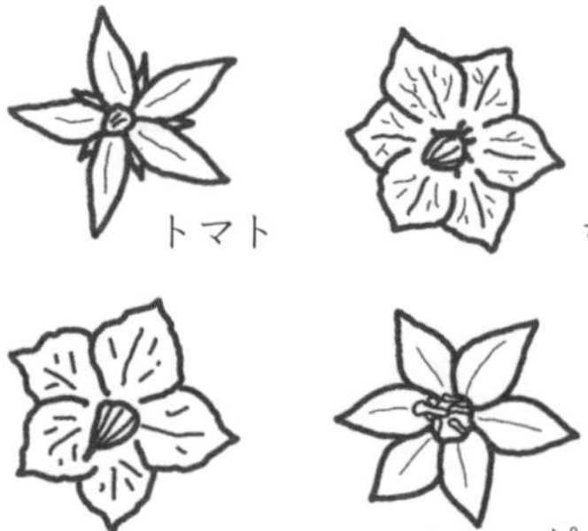

トマト
なす
じゃがいも
ピーマン

トマトは そのままたべても おいしいですが、うまみのもとが ぎっしりつまっているので、やいたり にても おいしいですよ。

スパゲティー
カレー

そだてたミニトマトを
たべたかんそうを
書いてみましょう。

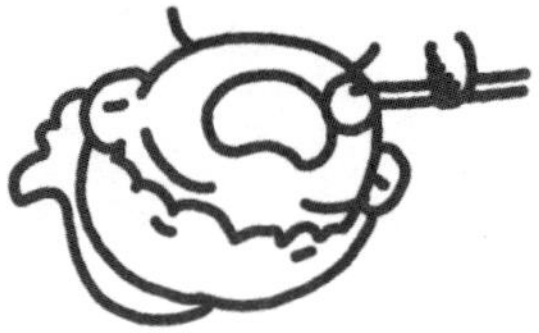

いろ ……………………

かたち ……………………

におい ……………………

かたさ ……………………

あじ ……………………

おうちの人にも
たべてもらって かんそうを
書いてもらいましょう。

……………………

……………………

……………………

……………………

ミニトマト わくわくブック

きる
やまおり
たにおり

ねん　　くみ

なまえ

みんなが そだてた
ミニトマト。
どんな花が
さいていましたか？

花の絵をかいてみましょう！

2

青い実が赤くなるまで だいぶ時間がかかりましたね。実はいくつなりましたか。一番大きな実の 大きさもはかってみましょう。

実の数 ＿＿＿＿＿＿ こ

一番大きい
ミニトマトの大きさ

＿＿＿ cm ＿＿＿ mm

3

トマトは むかしは「あかなす」と いわれていました。じつは トマトは なすのなかまです。じゃがいもや ピーマンも同じなかまなのですよ。

4

そのあかしは花です。
どれもよくにています。

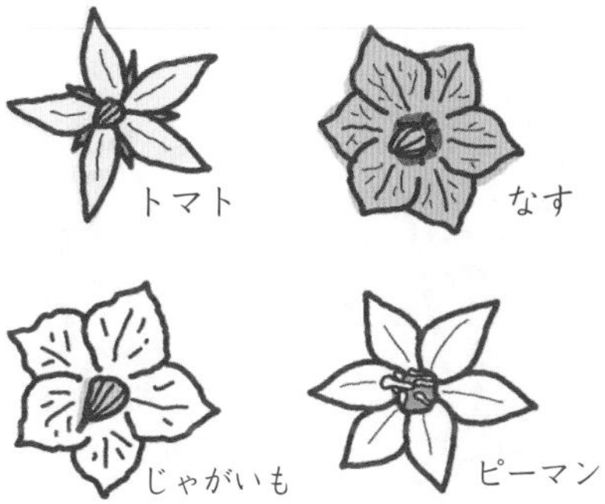
トマト
なす
じゃがいも
ピーマン

5

トマトは そのままたべても おいしいですが、うまみのもとが ぎっしりつまっているので、やいたり にても おいしいですよ。

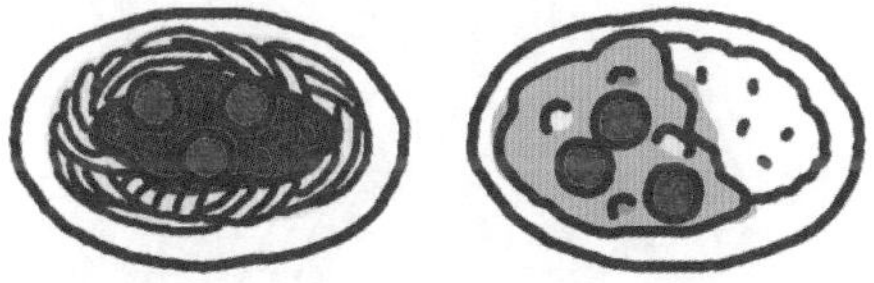

スパゲティー　　カレー

6

そだてたミニトマトを
たべたかんそうを
書いてみましょう。

いろ ……………………

かたち ……………………

におい ……………………

かたさ ……………………

あじ ……………………

7

おうちの人にも
たべてもらって かんそうを
書いてもらいましょう。

……………………

……………………

……………………

……………………

8

とうもろこし わくわくブック

きる
やまおり
たにおり

年　組

名前

頭には もじゃもじゃのひげ、外の皮は 緑。 中には黄色のつぶつぶ。ゆでたり、スープにしたりして 食べるものはなあに？

はい。とうもろこしです。
では、さっそく皮をむいていきましょう。皮をむいて食べるものに、ほかにどんなものがあるか知っていますか？

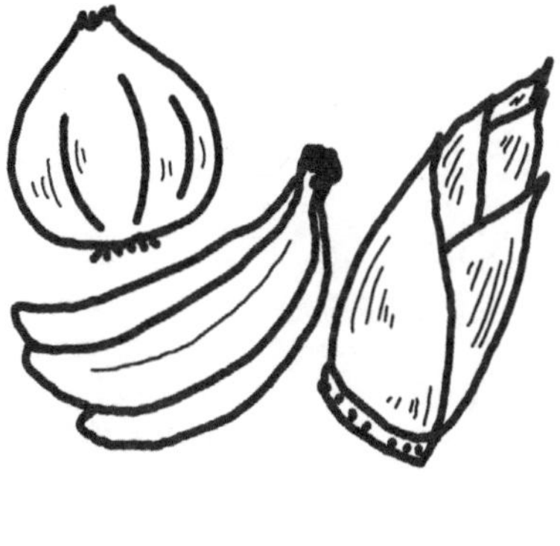

とうもろこしの皮をむいてもまだ、もじゃもじゃのひげはとれませんね。
このひげは、いったい何でしょう？

じつは、ひげの本数と とうもろこしのつぶの数は、同じなのです。よく見るとひげはつぶの１つ１つから出ています。

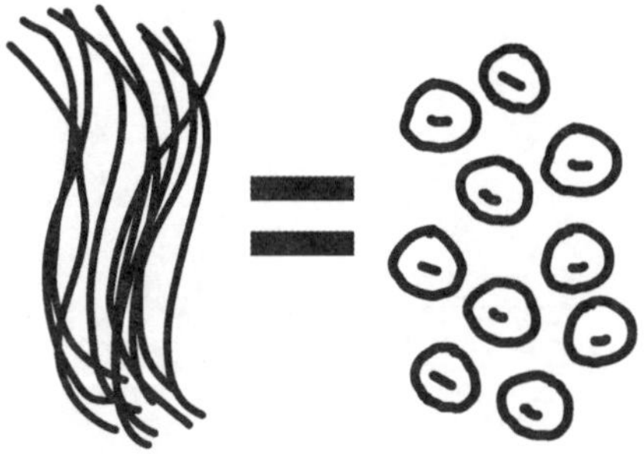

ひげは もともと とうもろこしの 花（めばな）の部分で １つのひげは １つのつぶに つながっています。じつは、つぶはとうもろこしの 種だったのです。

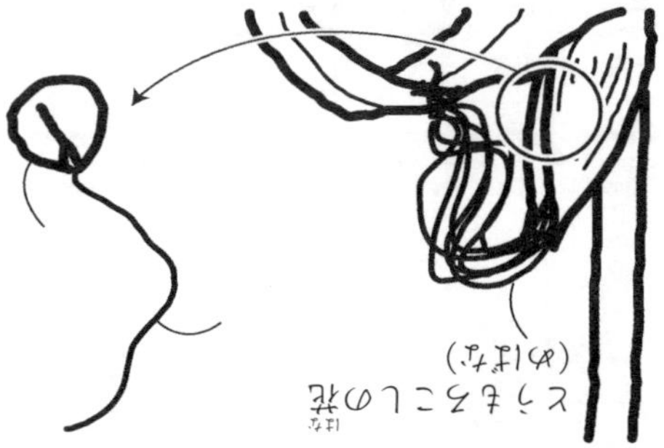
とうもろこしの花
（めばな）

ゆでとうもろこしにするのは、まだ若いとうもろこしですが、完熟させた とうもろこしを水につけておくと、やがて芽が出てきます。
とうもろこしは
種の部分なので
えいようが
たっぷりです。

給 食で
食べた
とうもろこしの
かんそうを
書いてみましょう。

色 ……………………………
形 ……………………………
におい ……………………………
かたさ ……………………………
味 ……………………………

とうもろこし わくわくブック

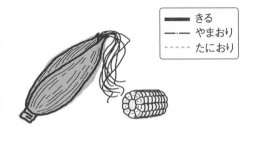

きる
やまおり
たにおり

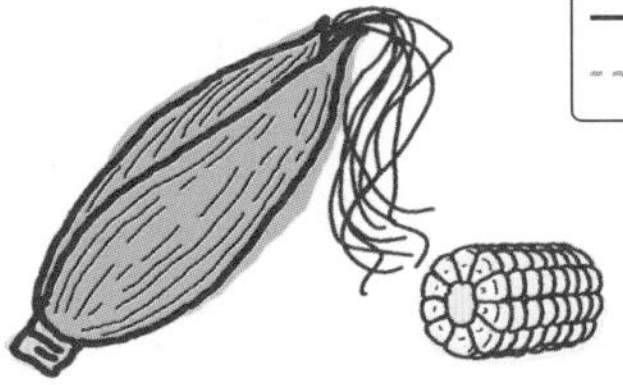

年　　組

名前

頭には もじゃもじゃのひげ、外の皮は 緑。 中には黄色のつぶつぶ。ゆでたり、スープにしたりして 食べるものはなあに？

2

はい。とうもろこしです。
では、さっそく皮をむいていきましょう。皮をむいて食べるものに、ほかにどんなものがあるか知っていますか？

3

とうもろこしの皮をむいてもまだ、もじゃもじゃのひげはとれませんね。
このひげは、いったい何でしょう？

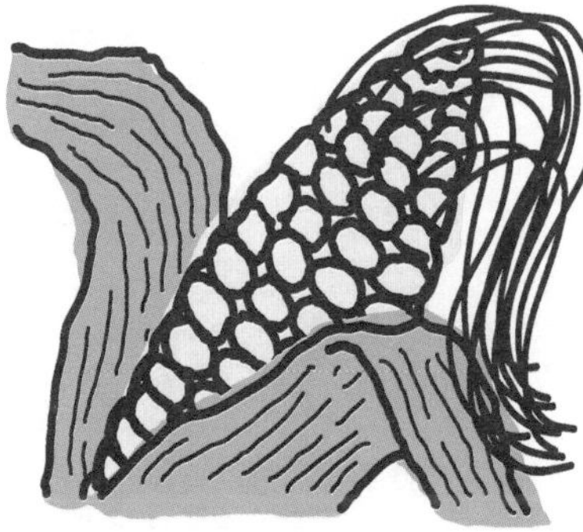

4

じつは、ひげの本数と とうもろこしのつぶの数は、同じなのです。よく見るとひげはつぶの１つ１つから出ています。

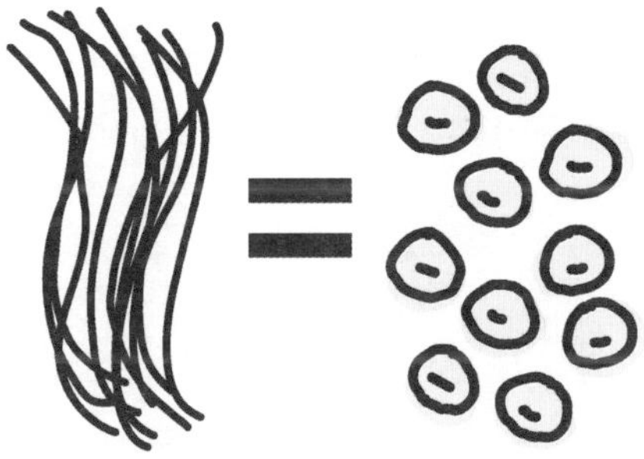

5

ひげは もともと とうもろこしの 花（めばな）の部分で １つのひげは １つのつぶに つながっています。じつは、つぶはとうもろこしの 種だったのです。

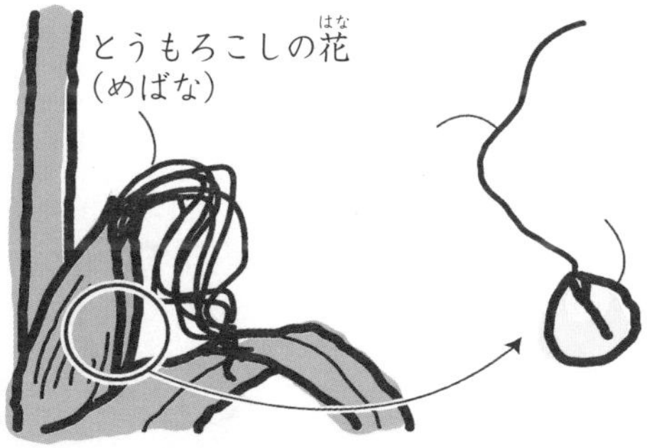
とうもろこしの花
（めばな）

6

ゆでとうもろこしにするのは、まだ若いとうもろこしですが、完熟させた とうもろこしを水につけておくと、やがて芽が出てきます。
とうもろこしは
種の部分なので
えいようが
たっぷりです。

7

給 食で
食べた
とうもろこしの
かんそうを
書いてみましょう。

色
形
におい
かたさ
味

8

えだまめ わくわくブック

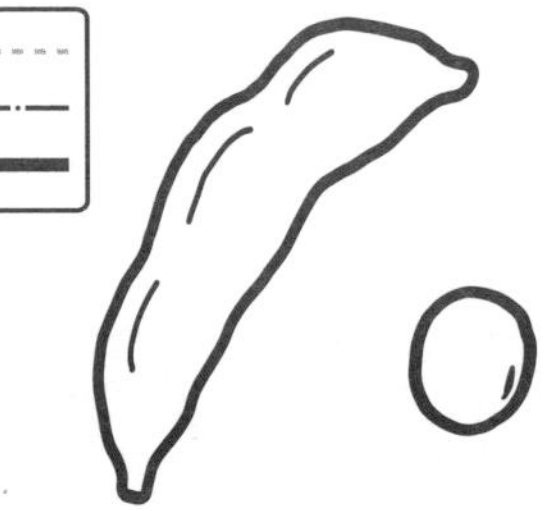

きる
やまおり
たにおり

年（ねん）　組（くみ）

名前（なまえ）

えだまめは、若（わか）い大豆（だいず）を畑（はたけ）からぬいて、えだからさやをとって、さやごとゆでて食（た）べます。豆（まめ）のえだから さやをとってみましょう。

えだまめは、「畑（はたけ）の肉（にく）」ともいわれる大豆（だいず）の豆（まめ）のえいよう（たんぱく質（しつ））と、野菜（やさい）としてのえいよう（ビタミン）のどちらもとれる食（た）べ物（もの）です。

きんにくもりもり
おはだピチピチ

豆（まめ）のおなかを見（み）てください。みんなと同（おな）じで、おへそがありますね。 おかあさんのさやの中（なか）で、豆（まめ）はここからえいようをもらっているのです。

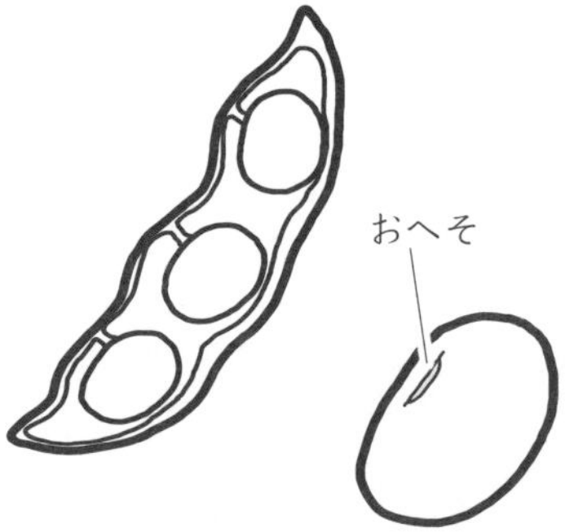
おへそ

給食（きゅうしょく）で
食（た）べた
えだまめの
かんそうを
書（か）いてみましょう。

えだまめご飯（はん）

色（いろ）……………………

形（かたち）……………………

におい……………………

かたさ……………………

味（あじ）……………………

えだまめとして食（た）べずにそのまま畑（はたけ）で育（そだ）てると、やがて葉（は）やくきはかれ、さやもカラカラになって、ひげも太（ふと）くなります。中（なか）にある熟（じゅく）した豆（まめ）が大豆（だいず）です。

大豆（だいず）

大豆（だいず）は「大（おお）いなる豆（まめ）」ともいわれます。大豆（だいず）は、とうふや油（あぶら）あげ、なっとう、みそ、しょうゆ、きなこなどに大変身（だいへんしん）します。節分（せつぶん）の豆（まめ）も大豆（だいず）を炒（い）ったものです。

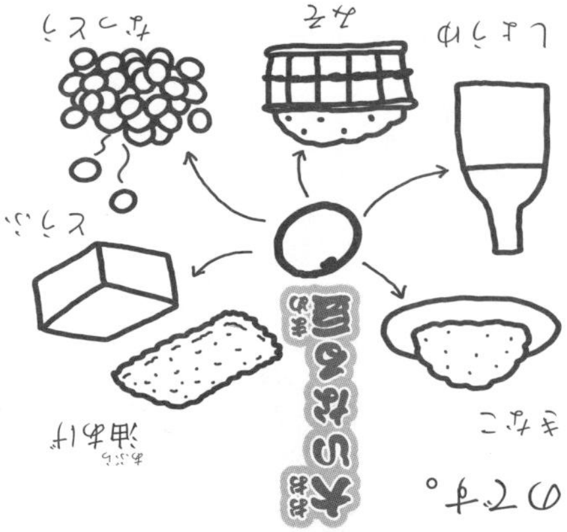
大（おお）いなる豆（まめ）
きなこ
油（あぶら）あげ
とうふ
しょうゆ
みそ
なっとう

そして…、大豆（だいず）を畑（はたけ）にまくと、春（はる）に芽（め）を出（だ）して、次（つぎ）のえだまめや大豆（だいず）がとれます。そうです。豆（まめ）は、植物（しょくぶつ）の種（たね）でもあったのです。

えだまめ わくわくブック

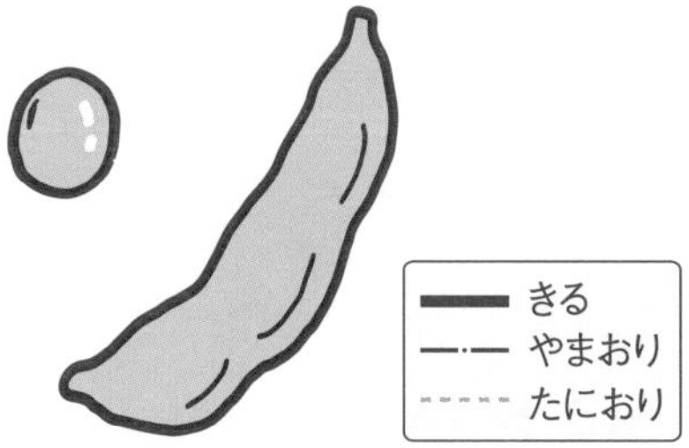

きる
やまおり
たにおり

年　組

名前

えだまめは、若い大豆を畑からぬいて、えだからさやをとって、さやごとゆでて食べます。豆のえだから さやをとってみましょう。

2

えだまめは、「畑の肉」ともいわれる大豆の豆のえいよう（たんぱく質）と、野菜としてのえいよう（ビタミン）のどちらもとれる食べ物です。

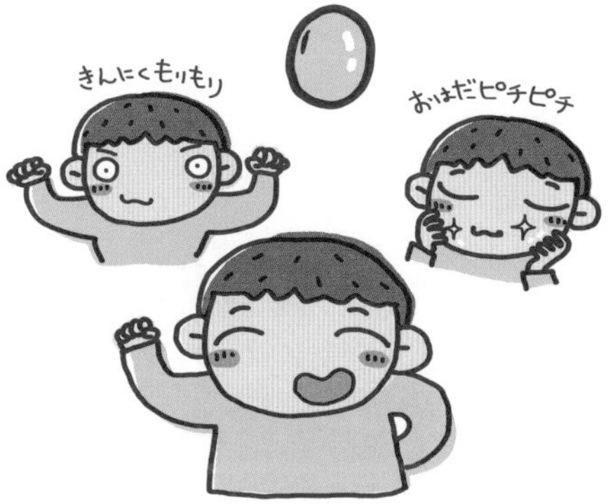

きんにくもりもり
おはだピチピチ

3

豆のおなかを見てください。みんなと同じで、おへそがありますね。 おかあさんのさやの中で、豆はここからえいようをもらっているのです。

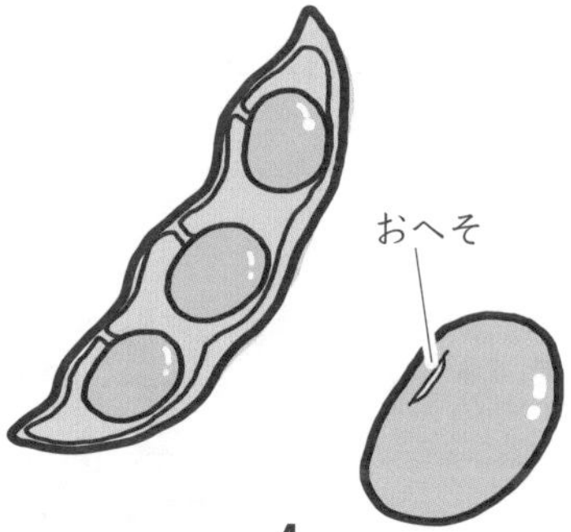

おへそ

4

給 食で
食べた
えだまめの
かんそうを
書いてみましょう。

えだまめご飯

色 ……………………
形 ……………………
におい ……………………
かたさ ……………………
味 ……………………

5

えだまめとして食べずにそのまま畑で育てると、やがて葉やくきはかれ、さやもカラカラになって、ひげも太くなります。中にある熟した豆が大豆です。

大豆

6

大豆は「大いなる豆」ともいわれます。大豆は、とうふや油あげ、なっとう、みそ、しょうゆ、きなこなどに大変身します。節分の豆も大豆を炒ったものです。

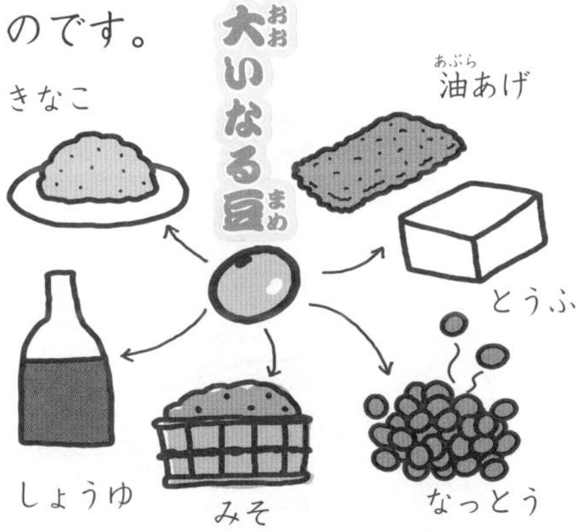

大いなる豆
きなこ
油あげ
とうふ
しょうゆ
みそ
なっとう

7

そして…、大豆を畑にまくと、春に芽を出して、次のえだまめや大豆がとれます。そうです。豆は、植物の種でもあったのです。

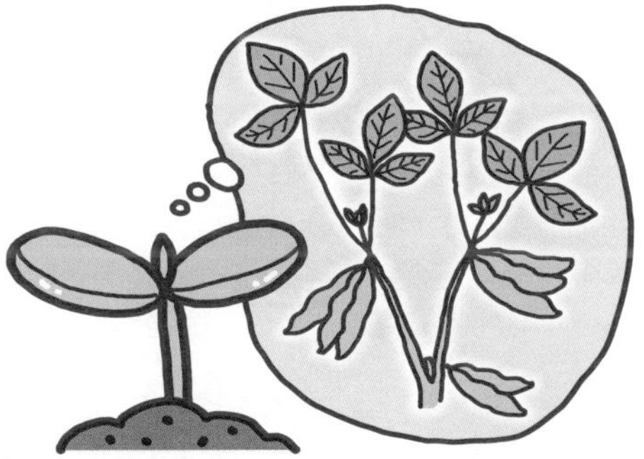

8

さんま わくわくブック

━━ きる
―・― やまおり
- - - たにおり

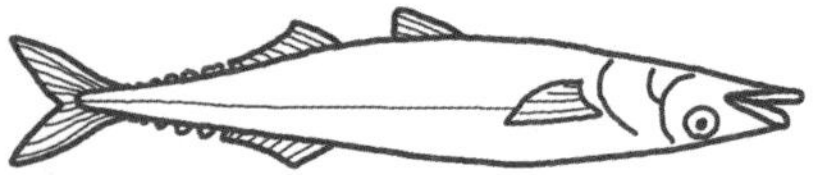

年　組

名前

さんまは 漢字で「秋刀魚」と書きます。「秋に おいしい刀のように細い魚」という意味です。

秋が一番おいしい
刀のような
魚

さんまは 海の魚ですが、じつは みなさんも よく知っている川の魚と 同じなかまの魚です。その魚とは 次のどれでしょう？

1. うなぎ

2. めだか

3. こい

答えは「めだか」です。さんまの口を よく見てみましょう。下の口が長いですね。これは めだかにも当てはまるとくちょうです。

さんま

めだか

さあ、さんまを 上手に食べましょう。まず さんまのせなかをはしで 少しおします。

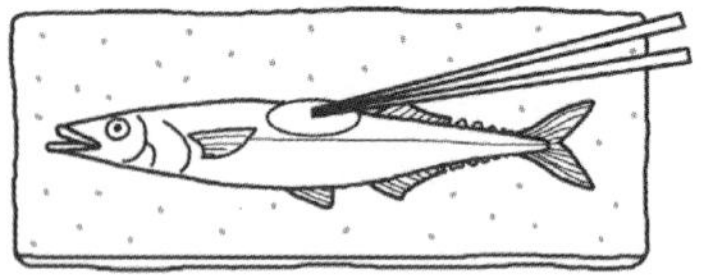

次に、まん中に はしで線を入れていきましょう。

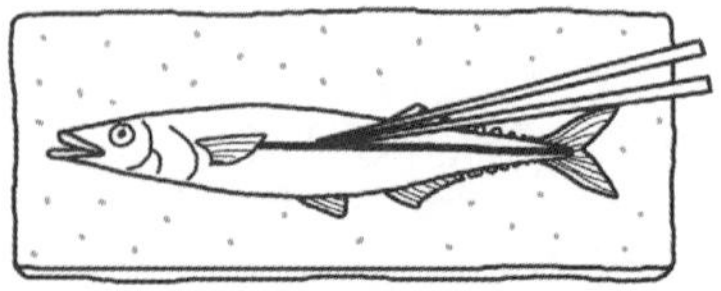

上側の身を 上下に分けます。下のおなかには、ほねがついていることがあるので、注意しましょう。よくかんで食べることも大切です。皮もおいしいので、ぜひ食べてください。

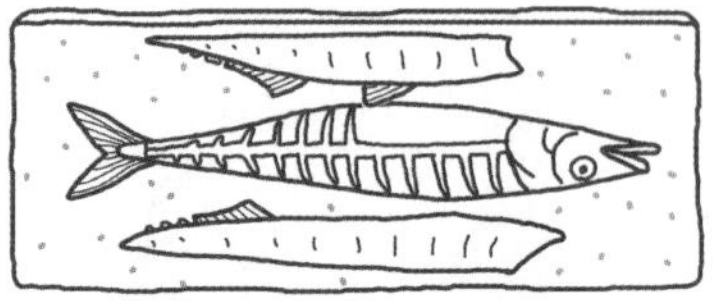

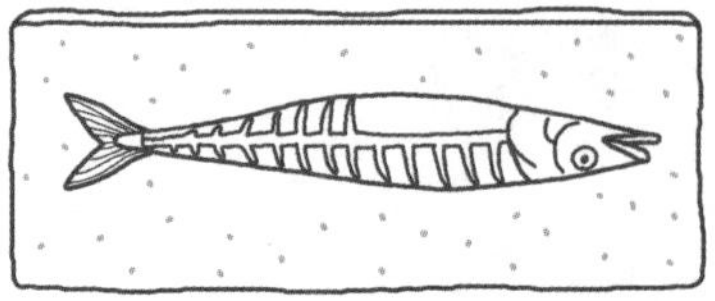

内蔵が残っているときは、内蔵ごと 小さなほねを とりのぞきます。ただし、新鮮なさんまであれば、内蔵も食べられます。

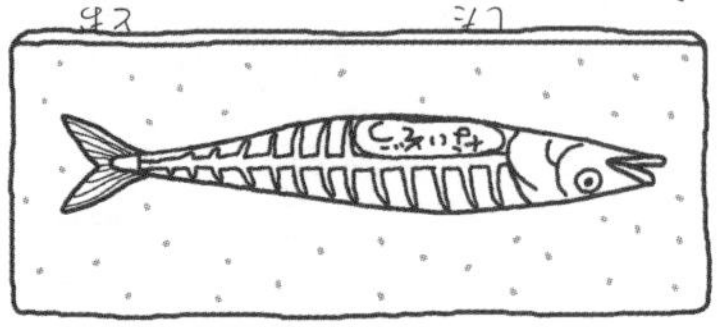

ないぞう

中ぼねの下にはしを通して外し、下側の身も食べましょう。

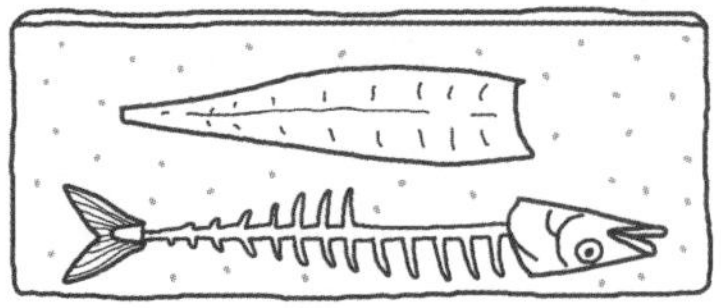

どうです。きれいに食べられましたね。食べた さんまの感想を書きましょう。

さんま わくわくブック

- きる
- やまおり
- たにおり

年　　組

名前

さんまは 漢字で「秋刀魚」と書きます。「秋に おいしい刀のように細い魚」という意味です。

秋が一番おいしい
刀のような
魚

さんまは 海の魚ですが、じつは みなさんも よく知っている川の魚と 同じなかまの魚です。その魚とは 次のどれでしょう？

1. うなぎ

2. めだか

3. こい

答えは「めだか」です。さんまの口を よく見てみましょう。下の口が長いですね。これは めだかにも当てはまるとくちょうです。

さんま

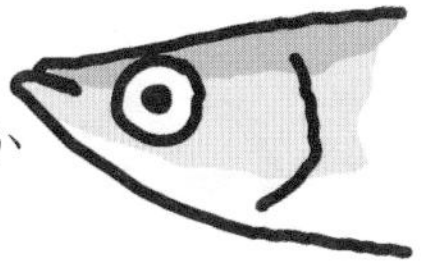

めだか

さあ、さんまを 上手に食べましょう。まず さんまのせなかをはしで 少しおします。

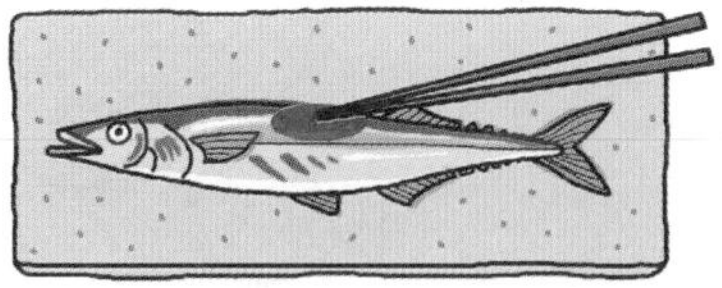

次に、まん中に はしで線を入れていきましょう。

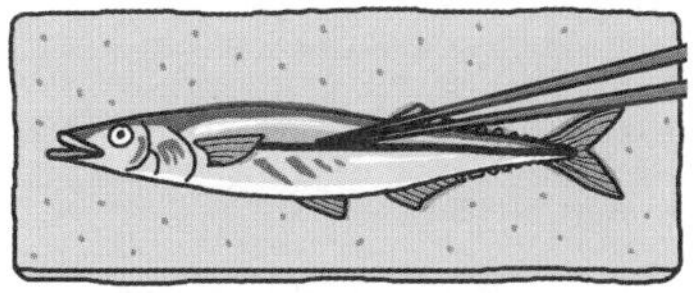

上側の身を 上下に分けます。下のおなかには、ほねがついていることがあるので、注意しましょう。よくかんで食べることも大切です。皮もおいしいので、ぜひ食べてください。

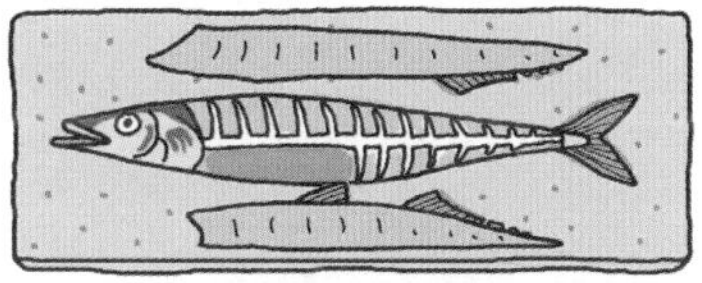

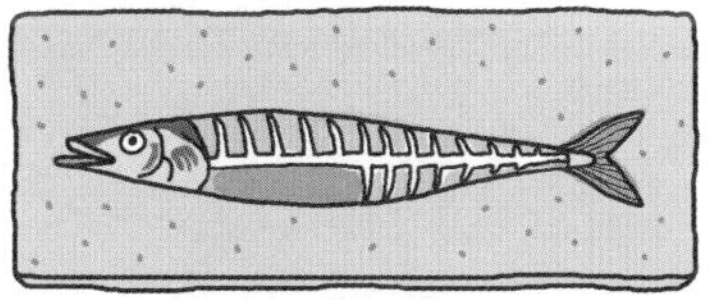

内蔵が残っているときは、内蔵ごと 小さなほねを とりのぞきます。ただし、新鮮なさんまであれば、内蔵も食べられます。

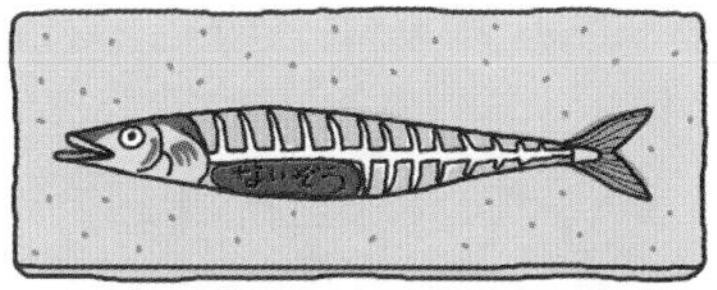

中ぼねの下にはしを通して外し、下側の身も食べましょう。

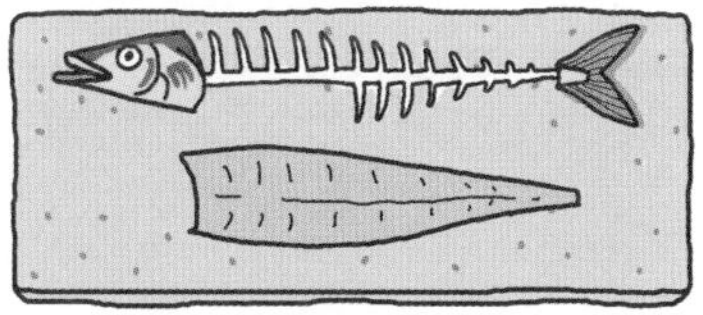

どうです。きれいに食べられましたね。食べた さんまの感想を書きましょう。

………………………………

………………………………

………………………………

………………………………

さつまいも わくわくブック

きる
やまおり
たにおり

ねん　　くみ

なまえ

さつまいもは 何(なに)からそだてるか 知(し)っているかな？

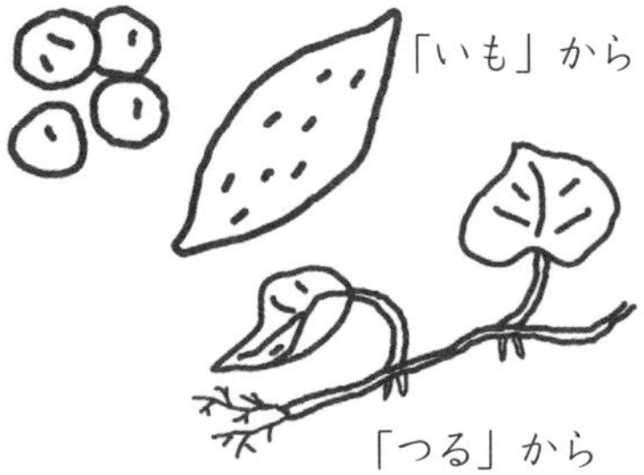

「たね」から
「いも」から
「つる」から

さつまいものふるさとは、あつい南(みなみ)の国(くに)。日本(にほん)では、花(はな)はなかなかさかないので、たねはとれません。さつまいもは、たねいもや つる苗(なえ)からそだてています。

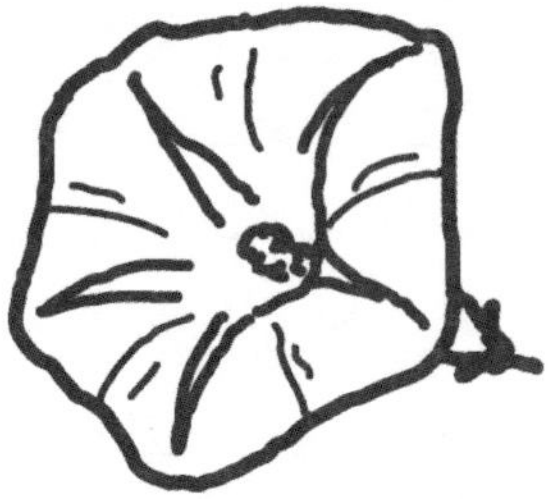

さつまいもの花(はな)は、朝顔(あさがお)に にています。

さつまいもは、今(いま)から 250 年(ねん)ほど前(まえ)に日本(にほん)にもって来(こ)られました。お米(こめ)がとれないときに、こまらないようにするためです。「さつまの国(くに)」とよばれた、今(いま)のかごしまけんからつたわったので「さつまいも」といいます。

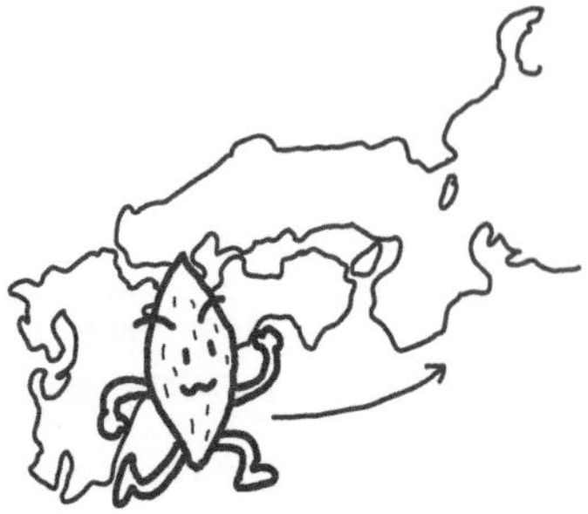

みんながそだてたさつまいもはいくつできましたか。
一番大(いちばんおお)きなさつまいもの長(なが)さを記(き)ろくしましょう。

とれた数(かず)　　　　　　　　こ

一番大(いちばんおお)きないもの長(なが)さ　　　　　　　　cm

さつまいもは えいようまんてんです。体(からだ)のパワーのもとになるえいようや、おはだをぴちぴちにする「ビタミンC(シー)」、おなかのそうじをしてくれる「しょくもつせんい」もたくさんあります。

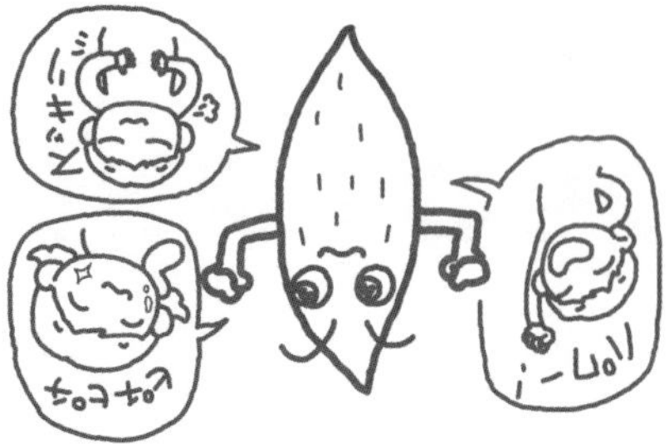

パワー！
ピチピチ
スッキリ

さつまいもをつかったりょうりをいくつ知(し)っていますか？
おうちや きゅうしょくで どんなものを たべたことがありますか？

やきいも
てんぷら
スイートポテト
茶(ちゃ)きん

さつまいもを そだてて
うれしかったこと
たべたかんそう
を書(か)いてみましょう。

そだててうれしかったこと

....

....

たべたかんそう

....

....

さつまいも わくわくブック

きる
やまおり
たにおり

ねん　　くみ

なまえ

さつまいもは 何からそだてるか 知っているかな？

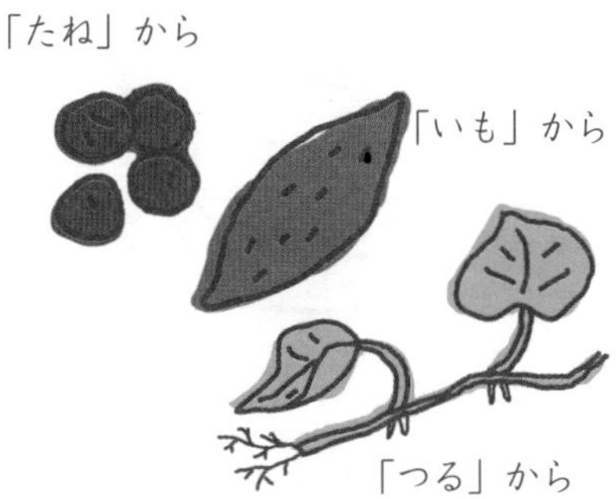
「たね」から
「いも」から
「つる」から

2

さつまいものふるさとは、あつい南の国。日本では、花はなかなかさかないので、たねはとれません。さつまいもは、たねいもや つる苗からそだてています。

さつまいもの花は、朝顔に にています。

3

さつまいもは、今から 250 年ほど前に日本にもって来られました。お米がとれないときに、こまらないようにするためです。「さつまの国」とよばれた、今のかごしまけんからつたわったので「さつまいも」といいます。

4

みんながそだてたさつまいもはいくつできましたか。一番大きなさつまいもの長さを記ろくしましょう。

とれた数 ＿＿＿＿＿＿＿＿ こ

一番大きないもの長さ ＿＿＿＿＿＿＿＿ cm

5

さつまいもは えいようまんてんです。体のパワーのもとになるえいようや、おはだをぴちぴちにする「ビタミンC」、おなかのそうじをしてくれる「しょくもつせんい」もたくさんあります。

パワー！
ピチピチ
スッキリ

6

さつまいもをつかったりょうりをいくつ知っていますか？おうちや きゅうしょくで どんなものを たべたことがありますか？

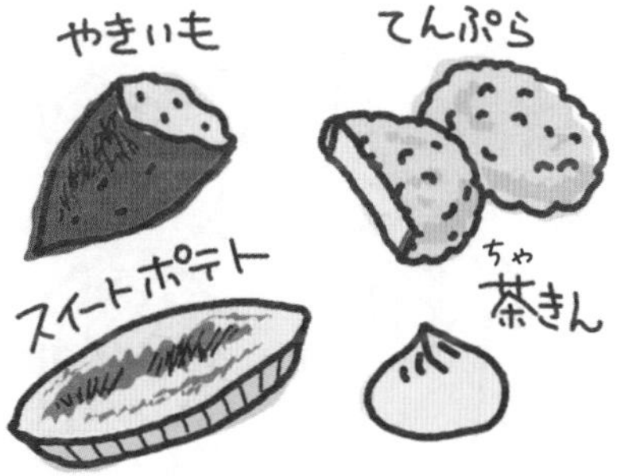
やきいも
てんぷら
スイートポテト
茶きん

7

さつまいもを そだてて うれしかったこと たべたかんそう を書いてみましょう。

そだててうれしかったこと

....

....

たべたかんそう

....

....

8

新米
わくわくブック

━ きる
—・— やまおり
- - - たにおり

年　組

名前

「新米」という言葉を知っていますか。その年にとれたばかりのお米を「新米」といいます。

仕事やおけいこなどで、まだなれていない新人さんのことをよく「新米」といいますね。これはどうしてでしょう？

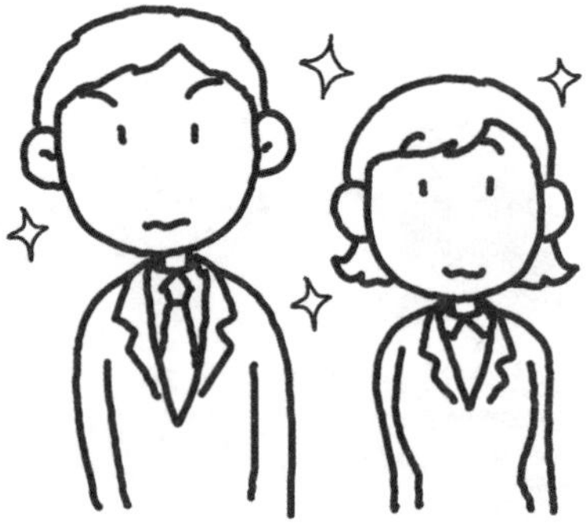

昔、お店の新人さんは、おろしたての新しい前かけをして店に立ちました。ここから「新前(かけ)」を「新米」とかけて、しゃれてよぶようになりました。

毎年秋にはその年にとれたばかりのお米が出回ります。また昔から11月23日には「新嘗祭」という、お米のしゅうかくを祝う行事も行われてきました。

新米は、赤ちゃんやみなさんのようにピチピチしていて、水分がたっぷりです。ごはんをたくときには、いつもより水を少なめにしてたきます。

ピチピチ

新米は１つぶ１つぶがピッカピカで、とてもよいかおりがします。ごはんだけでもおいしく食べられそうですが、「ばっかり食べ」はやめましょうね。

新米を 食べた感想を書いてみましょう。

....

....

....

....

....

新米
わくわくブック

━━ きる
―・― やまおり
----- たにおり

年　　組

名前

「新米」という言葉を知っていますか。その年にとれたばかりのお米を「新米」といいます。

2

仕事やおけいこなどで、まだなれていない新人さんのことをよく「新米」といいますね。これはどうしてでしょう？

3

昔、お店の新人さんは、おろしたての新しい前かけをして店に立ちました。ここから「新前(かけ)」を「新米」とかけて、しゃれてよぶようになりました。

米

4

毎年秋にはその年にとれたばかりのお米が出回ります。また昔から11月23日には「新嘗祭」という、お米のしゅうかくを祝う行事も行われてきました。

5

新米は、赤ちゃんやみなさんのようにピチピチしていて、水分がたっぷりです。ごはんをたくときには、いつもより水を少なめにしてたきます。

ピチピチ

6

新米は１つぶ１つぶがピッカピカで、とてもよいかおりがします。ごはんだけでもおいしく食べられそうですが、「ばっかり食べ」はやめましょうね。

7

新米を 食べた感想を書いてみましょう。

8

おせち わくわく ブック

━ きる
―・― やまおり
- - - たにおり

年　　組

名前

「おせち」

「おせち」は、お正月に食べるお祝いの料理です。「めでたさを重ねる」と重箱につめて出されます。おせち料理にはそれぞれ新しい年への願いが込められています。

●田作り

昔は干したいわしを田んぼの肥料にしました。小さないわしを使った「田作り」は、豊作を願って食べられます。

●こぶまき

「こぶまき」は、「よろこぶ」に通じ、「1年楽しく暮らせますように」という願いが込められています。

●くろまめ

黒には魔よけの力があるとされていました。「まめによく働き、健康に暮らせますように」という願いが込められています。

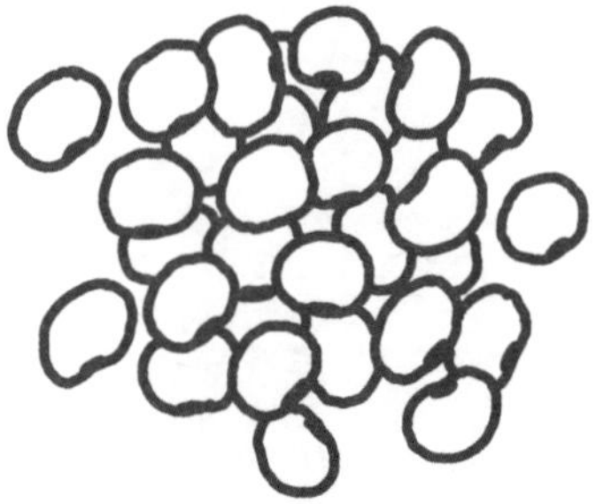

●くりきんとん

「きんとん」は、金色にかがやくかたまりのことです。くりは「勝ちぐり」ともいわれ、運を呼び込む食べ物とされてきました。豊かさと勝負運を願って食べられます。

●だてまき

「だてまき」は、巻物（昔の本）の形に似ていることから、「たくさん本を読み、勉強をして立派な人になれますように」と願って食べられます。

そのほかのおせち料理の名前と、そこに込められた願いを調べて書いてみましょう。

【料理】　　【願い】

おせち わくわく ブック

きる
やまおり
たにおり

年　組

名前

「おせち」は、お正月に食べるお祝いの料理です。「めでたさを重ねる」と重箱につめて出されます。おせち料理にはそれぞれ新しい年への願いが込められています。

2

●田作り

昔は干したいわしを田んぼの肥料にしました。小さないわしを使った「田作り」は、豊作を願って食べられます。

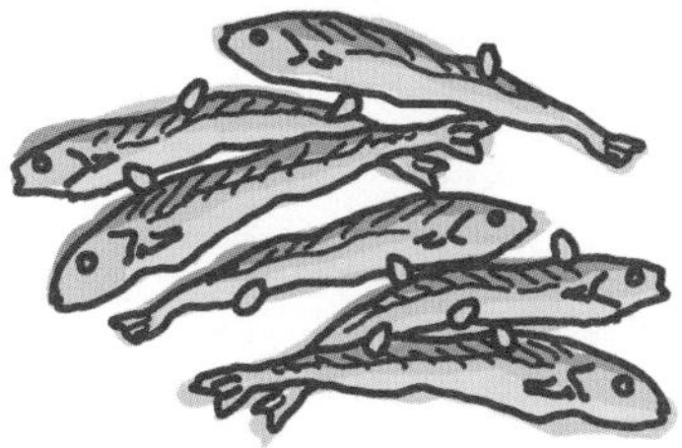

3

●こぶまき

「こぶまき」は、「よろこぶ」に通じ、「1年楽しく暮らせますように」という願いが込められています。

4

●くろまめ

黒には魔よけの力があるとされていました。「まめによく働き、健康に暮らせますように」という願いが込められています。

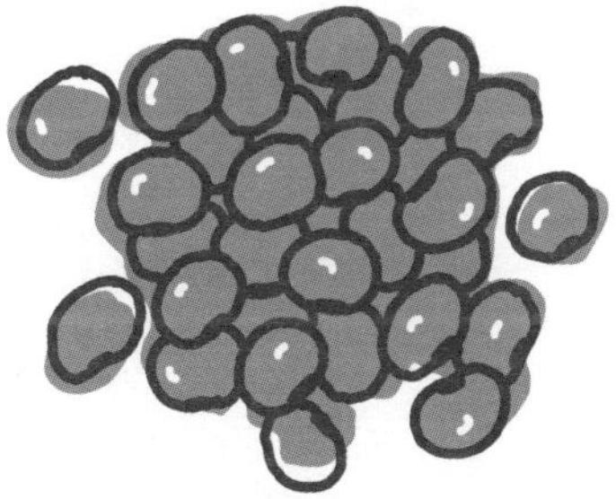

5

●くりきんとん

「きんとん」は、金色にかがやくかたまりのことです。くりは「勝ちぐり」ともいわれ、運を呼び込む食べ物とされてきました。豊かさと勝負運を願って食べられます。

6

●だてまき

「だてまき」は、巻物(昔の本)の形に似ていることから、「たくさん本を読み、勉強をして立派な人になれますように」と願って食べられます。

7

そのほかのおせち料理の名前と、そこに込められた願いを調べて書いてみましょう。

【料理】　【願い】

8

5 4 3 2

わくわくブック

きる
やまおり
たにおり

年（ねん）　組（くみ）

名前（なまえ）

6 7 8

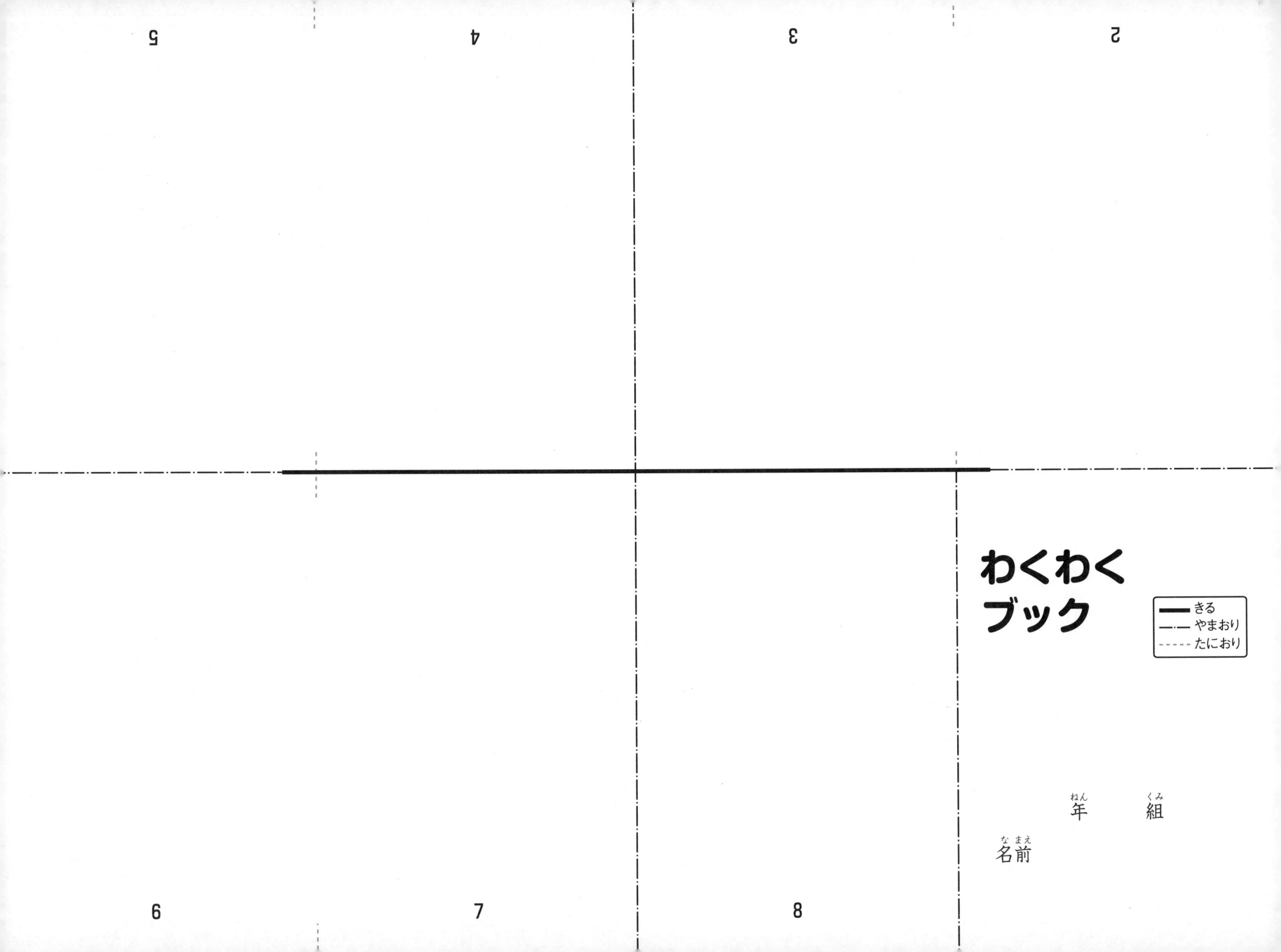